GW01397936

ALAIN BOSQUET

Poèmes, un

(1945-1967)
LES TESTAMENTS

La vie est clandestine
Langue morte
Quel royaume oublié ?
Quatre testaments
Venez venez
l'absence est une volupté

nrf

GALLIMARD

La vie est clandestine
(1945)
FRAGMENTS

PARACHUTISTE

Je descendrai en parachute au milieu des complots,
    emportant
    de quoi blesser les routes,
    de quoi meurtrir les étangs clandestins ;
j'enseignerai aux hommes des broussailles
    la manière de pendre sans bruit,
    aux enfants de la garrigue
    la chanson de la mitrailleuse ;
je surprendrai des estafettes comme on surprend des
    papillons avec un grand chapeau.
Tous les jours seront des jours de violence,
toutes les nuits seront des nuits de punition.
Je me nourrirai de fusillades bleues et de plates cicatrices.
Un matin l'on me retrouvera assassiné,
    le visage enfoui dans un faux passeport.
Les hommes qui voudront m'enterrer demanderont :
    « Qui est-il ? »
Personne ne dira :
    « C'est quelqu'un qui se battait
    pour que le caillou soit pur,
    pour que l'oiseau soit limpide. »
« Quel est son nom ? » Personne ne dira :
    « Il a le nom de cette colline qui brille,
    de ce pollen qui coule,

de ce gazon heureux simplement d'être vert. »
Puis on m'oubliera,
mais d'autres trains sauteront,
d'autres colonnes de soldats s'éparpilleront comme au
   temps des séismes,
d'autres viaducs s'écrouleront, pierres plus froides que
   des pingouins tués.

MAQUIS

Je planterai un couteau dans la nuque du brouillard ;
je dynamiterai les arcs-en-ciel suspects ;
j'étranglerai le petit matin comme on étrangle un enfant
né aveugle ;
on verra les parcs se tordre ainsi que des chats empoison-
nés,
les gares gésir, le ventre ouvert sur des flammèches
bleues.
Tant pis si mon ombre me dénonce comme une doublu-
re mal seyante ;
si l'on m'arrache les ongles aussi simplement qu'on arra-
che des violettes ;
si l'on m'écartèle pour que mes os désignent mes compli-
ces :
moi je ne parlerai pas plus que ne parlent les oubliettes
des prisons,
et sur le point de mourir,
je ne crierai pas « Vive la France »,
je ne crierai pas « Vive la Liberté »,
je resterai pur et digne comme mon secret, comme mon
défi, comme mon refus de trahir ma tristesse.

Ci-gît la vie,
ci-gît le rire,
ci-gît tout ce qui planait sur la montagne,
    tout ce qui dansait au son de la résine ;
ci-gît un homme qui n'eut que le tort d'exister,
ci-gît un enfant qui crut saisir un peu d'espace.
Mort l'arc-en-ciel, vieux châle décrépi ;
morte la comète, d'avoir voulu se reposer ;
et l'arbre s'est pendu du haut de sa propre cime,
et le vautour s'est étranglé de son aile puissante,
et le poisson explosa en découvrant la brise pure.
« Désolées », disent les roches, et les voilà qui se réduisent
    en amadou ;
« Peinées », disent les vagues, et les voilà qui se transfor-
    ment en écailles.
Où est celui qui s'obstinait à devenir lui-même ? on l'a
    tué ;
où est celui qui cherchait à savoir pourquoi l'on parle,
    pourquoi l'on pleure ? nulle part, il fut écorché vif.
Ci-gît quoi donc ? personne n'ose en discuter.
Ci-gît, pourquoi le dire ? quelqu'un sur qui déjà galope la
    bourrasque ;
ci-gît ce qui est trop éphémère pour qu'on l'appelle
    mort ;

ci-gît... qui donc encore comprend l'épitaphe ? qui donc encore conçoit le deuil ? qui donc encore s'émeut de voir les gens tomber, les choses disparaître ?

NE TE SUICIDE PAS, SEIGNEUR

Ne te suicide pas, Seigneur, voici qu'apparaît une orchidée parmi les ruines ;

ne te suicide pas, Seigneur, voici que renaît le ruisseau dans le cratère d'une bombe ;

ne te suicide pas, Seigneur, le ciel a mis du givre sur sa balafre, l'océan a guéri sa blessure d'un bandage de corail.

Écoute, Seigneur, ton univers qui était enfantin comme le cartilage, le voilà revenu de sa première fougue, de sa plus grande désobéissance ;

les comètes continuent de voyager, comme des berlines après une halte au carrefour de deux paniques ;

l'azur n'en est que plus profond, d'avoir été un peu rapace ;

l'aurore n'en est que plus belle, d'avoir failli ne jamais revenir.

Tout n'a pas tellement changé, Seigneur :

regarde ce hameau, combien de cascades pourraient naître dans sa mare, combien de peupliers dans son ortie !

Tout n'a pas tellement souffert, Seigneur :

déjà l'épi de blé pousse dans l'orbite de ceux qui moururent de faim,

déjà les fillettes sautent à la corde sous les ombres de ceux que l'on décapita.

Tout n'est pas tellement tragique, Seigneur,
    puisqu'il y a la route sans fin où même l'exil est
    oublié,
    puisqu'il y a le vent si doux que même les soupirs y
    sont joyeux,
    puisqu'il y a tout ce qui hurle l'immense plaisir d'être
    vivant.

Une brique me dit : « J'étais une colonne » ;
et l'ombre : « J'étais une foule qui danse » ;
et le vent froid : « J'étais le son d'une cornemuse » ;
et le soupir, le soupir trouvé par hasard : « J'étais la joie
    qui faisait s'épanouir les falaises. »
Terre de mon imagerie,
terre de ma timidité,
je te suis revenu, pareil à l'ambitieux qui partit se
    construire un monde et s'en retourne, le regard vide et
    la nuque pliée.
Je ne suis pas capable de te rendre ta grandeur,
ni même de saisir l'envergure de ta chute,
mais là où furent tes villes je puis amasser quelques plan-
    ches ;
là où furent tes montagnes je puis porter du sel et de
    l'argile ;
à la place du chêne je puis déposer du muguet,
et prononcer un mot pur comme « résine », comme
    « tramontane » à l'endroit où les poètes composaient
    des épopées.
Terre de mon illusion,
terre de mon dénuement,
tu ne possèdes sans doute plus rien que mes larmes, mais
    je te jure qu'elles sont fertiles comme les raz de marée
    qui vomissent des étoiles ventrues ;

tu ne possèdes sans doute plus rien que mes deux bras,
    mais je te jure qu'ils peuvent soulever des banquises,
    édifier des obélisques lumineux, dompter les volcans
    les plus féroces ;
tu ne possèdes sans doute plus rien que ma voix, mais je
    te jure qu'elle peut entonner des chants aussi larges
    que le cyclone, aussi chauds que les laves d'archipel,
    aussi doux que l'azur qui se couche sur les oiseaux.

Je viens te libérer, mon pays, à coups de mitrailleuse ;
je viens te libérer, mon pays, et c'est à force de morsures
et de cicatrices ;
je viens te libérer, mon pays, et c'est comme on libère un
prisonnier qui s'évanouit de joie dès que la porte de sa
geôle s'entrouvre ;
mon pays si faible que tu ne comprends plus la liberté ;
mon pays qui ne distingue plus entre le vrai soleil et la
torche vicieuse qui incendie les meules de tes
champs ;
mon pays qui te crois déjà promis à la décadence et à la
résignation.
Je viens te libérer, ma ville, et c'est en abattant tes murs
un à un, en fauchant les flèches de tes églises comme
chez nous l'on fauche les crépuscules roux du mois
d'avoine.
Je viens te libérer, ma rue, en faisant des trous dans tes
vitrines, en jetant tes pavés aux quatre étoiles de l'es-
pace.
Je viens te libérer, mon jardin, et vous, mes fleurs, vous
n'êtes là que pour consoler les victimes de mon geste
généreux.
Je viens te libérer, mon pays, par la haine, par la ven-
geance et par la cruauté.

Et toi, ma chambre, je te retrouve dans le plâtre qui saute
et les solives qui craquent.
Et toi, mon chien, je te salue d'une balle dans le cou.
Et toi, mon père, je te délivre en te tuant.
Et toi, ma mère, je t'affranchis en te rendant folle.
Hélas, mon pays, c'est le seul moyen que j'ai de te resti-
tuer à toi-même ;
je te libère par le feu qui brûle dans tes chaumières et qui
brûle dans mon front, par le sang qui coule dans tes
bouleaux et qui coule dans mon cœur, par le deuil qui
s'étend sur tes plaines et qui s'étend sur moi, de devoir
te dévaster pour te faire vivre à nouveau.
Je ne laisse rien de toi, mon pays, ni la cime des arbres,
ni l'eau de la rivière, ni le rire du mouton, ni la pudeur
du genêt ;
je ne te laisse que la miséricorde de m'aimer et d'armer
ma main contre toi.
Je supprime tes fils, mon pays, ainsi qu'on supprime une
tribu d'insectes ;
mes frères tombent de me serrer les doigts,
mes sœurs trébuchent de m'offrir leurs épaules.
Je supprime tout, mon pays :
j'emploie les gaz contre les foules en prière,
et les grenades contre les fillettes ébahies,
et le tank contre la cathédrale,
et le bombardier contre le cimetière.
Il le faut bien, mon pays, puisqu'il faut supprimer ceux
qui te coupent les racines de dessous tes sillons.
Je suis plus dévastateur qu'un essaim de sauterelles,
plus arrogant que le raz de marée,
plus têtu que le tremblement de terre !
Je ne laisse rien de toi, mon pays,
mais il ne reste rien non plus de ceux qui te donnent des
coups comme si tu n'étais qu'une bête malade sur le
point de crever.

Je ne laisse rien de toi, mon pays, que la cendre qui crie
et la résine qui pleure.
Tu es mort, mon père ;
tu es nu, mon champ ;
tu es plate, ma maison ;
et moi je suis là, conquérant en face de la ruine.
Mais je suis libre, mon pays, libre enfin du départ de
l'ennemi,
libre de te reconstruire comme je veux,
avec ton visage tranquille, et ton air d'approuver que je
te pulvérise afin de te recréer comme tu fus,
ô mon pays à qui je fais si mal, que je blesse si profondé-
ment,
ô mon pays que je voue au massacre qui te sauve.

Langue morte
(1951)
FRAGMENTS

— Ton poème, où va-t-il ?
— Ce n'est pas mon affaire.
— Tu n'as pas envie de le retrouver ?
— Je ne le reconnaîtrais pas.

...

— Pourquoi écris-tu ?
— Je ne suis rien. Par mes mots, je me crée.

...

Le poème : — J'ai parlé de tout.
Le poète : — Tu n'as parlé de rien encore : parle de ton suicide.

...

— Détruis tes écrits, puisque tu n'as pas foi en eux.
— Ce sont des pièces à conviction.
— Et si tous tes lecteurs t'acquittent ?
— C'est moi qui les dénoncerai, d'être mes complices.

...

— Il n'y a donc rien qui te console ?
— Si : mon pire supplice, qui est d'employer les mêmes mots que toi.

...

Femme, arbre, montagne : simples sujets de conversation entre mon poème et moi, et où — merveille ! — nous ne sommes jamais d'accord.

...

Dire trop et dire trop bien : mes deux épouvantails.

...

Chaque syllabe complote contre son mot, chaque lettre contre sa syllabe : il ne s'agit ici que d'extrême méfiance.

...

Si j'avais le courage, je n'écrirais que des poèmes anonymes.

...

Choisir une philosophie ? Un taoïsme dans la rage.

...

La poésie est une folie (un délire, un rêve, etc.) qui, *exprimée*, devient pour l'auteur un axiome des plus logiques, mais doit rester pour le lecteur une folie (un délire, un rêve, etc.).

...

A écrit un poème. B le continue par un dessin. Se fondant sur ce dessin, C compose une musique. Grâce à celle-ci, D réussit à perfectionner les percussions d'un moteur. Ce dernier permet à E de mettre au point une cure nouvelle, dont F s'inspire dans sa théorie sur l'évolution de la pensée humaine. G applique la théorie de F en poésie. G et A sont la même personne. *Ou bien :* un poème n'est bien-portant que si son dernier mot est aussi le premier mot de dix poèmes à écrire, le premier coup de pinceau de cent tableaux à peindre, la première note de mille symphonies à composer. La poésie est indivisible et dépasse le poème, son pis-aller.

...

Tout est désespéré en poésie : la trouvaille n'est pas encore le poème, la perfection n'est plus le poème.

...

Au poème : — Je te reconnais le droit d'avoir honte de moi. Il faut aussi que le poète soit acceptable au poème.

...

Tu n'as plus rien à dire, tu n'as plus rien à décider : améliore le superflu.

...

N'invente pas, corrige. Fais de ton vivant la synthèse de ta nouveauté et de la tradition.

...

Écris comme si tes œuvres étaient déjà posthumes, et ta langue une langue morte. Mais : traduis chaque jour ton poème de la veille dans ta langue de demain.

...

Habille ton subconscient, apprends à lire à ton rêve.

...

Écris comme il y a deux cents ans, pense comme si tu vivais dans deux cents ans : l'aujourd'hui est mortel.

Présente-moi cette inconnue
que tu deviens toutes les fois
que mon poème s'insinue
comme un insecte entre tes doigts,
change tes seins en hirondelles
et te partage avec les loups.
M'appartiens-tu, femme rebelle
qui prends la forme d'un caillou ?
Regarde-moi. Je suis ton maître
et je t'enseigne l'infini :
à chaque pas il faut renaître
devant un verbe qui unit
l'obéissance à l'aventure.
Je reconstruis ton bras naissant,
je recompose ta figure,
mais c'est au fond de notre sang
que ce périple nous ramène,
enfants que chasse la pâleur
et dont le songe vaut à peine
une syllabe qui se meurt.

DÉTOURS

L'aurore aux cent détours
étouffe tes paroles ;
leur portes-tu secours,
voyageuse frivole ?
Poète ou promeneur
à la route égarée,
sais-tu que dans ma peur
mot à mot je te crée
une légende en vers,
mensonge indispensable
en ce rude univers ?
Nous qui sommes de sable,
essayons d'être forts :
une métamorphose
couronne chaque effort
de notre vie en prose.

PANORAMA

Un carrosse en partance
pour la neige, une fleur
que le sang récompense,
un coquillage où meurt
une chanson de geste,
un vieux malentendu,
est-ce là ce qui reste
de notre amour perdu ?
Jetons-nous dans le vide :
une aile nous viendra,
puis un poème avide
entouré de deux bras,
puis la soif de deux hanches,
dont nos verbes gâtés,
les estimant trop franches,
tairont la nudité.

CHAMBRE AMIE

Le livre à moitié lu, corrigeons notre corps,
la table dégarnie, la porte inapaisée...
Ta décadence me réveille. Le décor
fait place au givre qui se penche à la croisée
et qui salue le parc de sa claire chanson.
Je te reproche d'être celle qu'on respire,
toujours sevrée, toujours semblable à la rançon
que réclame la soif, toujours prête à écrire
le testament de notre chair. Tu me reçois
dans ta moiteur, entre ta phrase dévêtue
et ton image à sec. Puis d'un geste sournois,
surprenant un sonnet sur ma peau, tu le tues.

PRIÈRE

Donne-moi ta façon de dresser
les dix mille animaux de ce livre ;
donne-moi ton poème blessé
qui m'explique pourquoi il faut vivre ;
donne-moi la tiédeur de ton sang
que je lis comme on lit une fable ;
donne-moi, quel que soit son accent,
ta chanson de statue impalpable ;
donne-moi ton poulain qui accourt
à l'approche des jeunes comètes ;
donne-moi, au moment de l'amour,
ce qu'il faut pour flatter un poète ;
donne-moi, sans vraiment me l'offrir,
ton grand verbe qui dompte l'orage,
et enfin donne-moi le plaisir
de tremper dans ton sang cette page.

Il fait si lourd entre ces pages
qui nous refusent leur secret !
Ici tout n'est que persiflage
et le poème le plus frais
se réfugie dans le silence.
L'amour finit ; la volupté
n'est plus qu'un cri de déchéance ;
nous emportons, êtres gâtés,
des mots cueillis dans le vertige :
« épouvantail de cormoran »,
« rose trémière qui rédige
les épitaphes des mourants »,
puis, entourés de métaphores
comme on s'entoure de chiens-loups,
nous attendons qu'elles dévorent
ce chant couché sur nos genoux.

Nous qui fûmes gourmands
au festin des images,
qui sommes-nous, amants
qu'un verbe décourage ?
Un poème sans mots
interrompt nos caresses
et nos chers animaux,
la guêpe et la tigresse,
s'entretiennent de sang.
Bonsoir, douce montagne !
nous sommes les absents
que la pluie raccompagne
parmi les condamnés.
C'est l'heure du silence,
car voici que sont nés
— la cascade qui danse
en parle chaque jour
à la riche comète
que poursuit le vautour —
des milliers de poètes !

LE DOUTE

Pourquoi tes yeux blessés, pourquoi ton corps,
pourquoi tes seins dans mes paumes chagrines,
pourquoi ta pesanteur : quelques remords,
quelques neiges sans but, quelques lésines ?
Un homme est là entre sa pendaison
et sa tiédeur de moineau qui écoute ;
une femme est ici, mais sa raison
n'ose pas s'insurger contre le doute.
Tous deux réinventaient des mots humains,
tous deux jouaient à créer des images,
mais à présent que font-ils de leurs mains
qui ne sont plus que des bêtes sauvages ?
Pourquoi écrire un livre à notre insu,
pourquoi nous contenter de pages vides,
pourquoi survivre, poètes déçus
que chaque verbe conduit au suicide ?

SÉPARATION

Éloigne-toi, femme trop lasse
pour habiller ce livre nu.
Une autre image te remplace,
qui revendique à l'inconnu
le droit de vivre de mensonges.
Tu me déplais ! écrite en vers
ou effacée. Je te prolonge
comme on prolonge un jeu pervers
qui prend la forme d'une danse,
selon l'humeur, selon le goût
de ce grand maître : le silence,
coupeur de seins et de genoux.

Quel royaume oublié ?
(1955)

À Norma

Alors, ô lune
Blanche, viendra
Le pur royaume
De la cendre.

FEDERICO GARCIA LORCA.

Sieh, ich bin nicht, aber wenn ich
wäre, wäre ich die Mitte im Gedicht.

RAINER MARIA RILKE.

Alas ! were the whole language tur-
ned to birds.

CONRAD AIKEN.

VERBE ET VERTÈBRE

Notes pour un contrat poétique

DU POÈTE

J'écris (je pense écrire), donc je ne sais pas.

Je dois (mal rédigé) m'écrire avant d'écrire.

Je dois devenir mon seul Dieu (me dénigrant).

Je ne dois pas (savant) moderniser la rose.

Je dois (tricheur) vibrer d'une extase sceptique.

Je ne me connais plus, tant je me suis traduit.

Ne sois qu'un être verrouillé dans une armoire,
entre un sonnet pendu
et une fable sans destinataire.
Ne sois qu'un être écrit
dans une langue morte,
qu'un cormoran efface d'un coup d'aile
comme une faute d'orthographe.

Ce soir, j'irai me traduire en justice :
aucun poète n'a le droit de s'habiter.

Je ne suis plus que ton intrus penseur, ma chair ;
ton faux témoin, ma crédule mémoire.
J'ai décliné mon sang (mais dehors, je le sais,
un homme au long couteau égorge
les livres que j'éduque)
puis j'ai inauguré
(mais tout est sec, même l'aurore)
une ère de l'éponge.

Moi, je répare les mensonges
— marchand de siroccos
et courtier en comètes —
pour les revendre,
poèmes comestibles.

Ma voisine la prose
rédige ma biographie
tandis que je traduis ma chair en verbe,
ne sachant pas s'il va la tolérer.

Au fond de chaque mot j'assiste à ma naissance.

Expliquez-moi :
où est l'ambassadeur de la tulipe ?
où est le délégué des animaux
qu'on a tondus en l'honneur des comètes ?
J'ai toute une province à éduquer !
J'ai tout un pays à distraire !

L'inceste veille :
chaque poète vit
avec sa fable illégitime.

Heureux ceux qui sont morts
pour mon soleil
appris par cœur,

pour ma comète
mal prononcée !
En hommage à mon aube
qu'on fusilla comme une espionne,
en hommage à mes mots
qui se sont suicidés
le jour où les platanes
firent la grève de la faim,
je me suis tu, je me suis tu !

Je hais ce que je pense,
je tue ce que j'écris.
Un jour — j'en ai fait la promesse
à l'océan dont le squelette s'est brisé —
je me noierai pour que mes vers
ne fassent plus envie
aux équateurs trop pauvres,
aux montagnes sans toit.

Né dans le vent,
éduqué par la rouille,
je disais à la nuit :
« Tu es mon quadrupède le plus sûr »,
puis je frappais ma Terre
en la traitant d'antilope en chaleur.
Sur mon passage
les hommes se pendirent,
les femmes s'accouplèrent aux montagnes.
On m'exila. Depuis ce jour,
l'aube est en sang
et l'horizon avoue :
« Je ne suis qu'un lézard. »
Pour m'oublier,
on vendit mon visage à la tempête,
et ma voix au dernier dimanche du mois d'août.
On enterra ma poésie en pleine prose,
cette fosse commune.

DE LA POÉSIE

Je vous présente
ma poésie : c'est une île qui vole
de livre en livre
à la recherche
de sa page natale,
puis s'arrête chez moi, les deux ailes blessées,
pour ses repas de chair et de paroles froides.

J'ai payé cher le voisinage du poème !
Mes meilleurs mots se couchent dans l'ortie ;
mes plus vertes syllabes rêvent,
et c'est d'un silence jeune comme elles.

Offrez-moi l'horizon qui n'ose plus
traverser un seul livre à la nage.
Je vous donne en retour ce sonnet :
c'est là que vivent les oiseaux
signés par l'océan ;
puis ces hautes consonnes
d'où l'on observe les tumeurs
au cerveau des étoiles.

Fabricants d'équateurs,
à quel client, à quel nomade

qui ne sait lire ni aimer,
avez-vous revendu mon poème,
ce fauve souriant qui à chaque syllabe
me sautait à la gorge ?

Mon langage est en berne
depuis que mes syllabes
se sont sauvées en emportant,
comme on emporte des cadeaux de noces,
toutes mes aubes de rechange.

Mon poème, j'ai beau te congédier
comme un valet qui depuis vingt-cinq ans
vole mes neiges manuscrites ;
j'ai beau te promener en laisse
comme un caniche
qui craint de piétiner l'aurore ;
j'ai beau te caresser,
un équateur autour du cou
qui dévore une à une mes autres images,
à chaque souffle je te recommence,
à chaque souffle tu deviens mon épitaphe.

Il y a eu duel
entre les mots et leurs syllabes,
puis mise à mort des poèmes trop riches.
Le langage a saigné,
la dernière voyelle s'est rendue.
Déjà on conjuguait les grands reptiles.

Voici mon testament :
la panthère qui suit mon alphabet
devra le dévorer, s'il se retourne.

J'étais trop riche : une orchidée à chaque mot,
une femme entrouverte à chaque page.
J'étais trop généreux :
un poème en pourboire à l'aurore,
et aux jeunes rivières
un silence rempli d'oiseaux de proie !
Un équinoxe ? j'ai mon livre.
Une statue ? j'ai mon sonnet.
Un océan ? j'ai mes images,
moi qui promets à chaque oiseau
de le traduire en vers
le jour où il déposera
une comète à mes genoux.

Ma sœur la vie,
voudrais-tu essayer,
comme on essaie un haut-de-forme,
le mois des coquillages
et le mois des mouettes ?
Ma sœur la mort,
voudrais-tu m'enseigner
les théorèmes de la rouille,
l'abc de la lèpre :
deux et deux font une île pendue,
trois fois trois un visage pareil à l'oubli ?

Mon océan, si fatigué, m'a dit bonsoir
près de son arbre ; mon soleil s'est tant moqué
de mes chansons que j'ai remis mon univers
dans un tiroir ; mon lac, ce vieil ami, refuse
mes fables mammifères. Faut-il que j'écrive
mon testament ? Je ne connais qu'une syllabe
qui traduise la mort : elle se veut un fleuve,
une île, une comète qu'on publie. Adieu !
Les mots sont en faillite. J'abdique en faveur
de ces jeunes tyrans : la rouille et le silence.

N'importe qui s'installe dans mon sang,
n'importe qui érige un obélisque
entre mes yeux,
n'importe qui sous-loue ma fable
à ce couple étranger :
le mépris et la peur.

Un soleil bâille.
Un alphabet se lève comme un arbre.
Je renverse un proverbe maladroit
à qui j'enseigne à se relire.
Une image proclame :
« Je deviendrai une île enceinte. »

Un peuplier s'élève de mon doute.
Un rouge-gorge repeint ma mémoire.
On a pesé les vents du Sud,
on a pris les mesures du givre :
j'annonce à mes vertèbres
que l'horizon est habitable.
Midi, encore enfant, murmure :
« Je suis ton serviteur. »

Je parle de crinière à mon sapin,
et de statue équestre

à mon vautour sur le qui-vive :
il surveille les mots
qui s'ébattent tout nus dans les pollens.
Je suis chez moi,
une rivière en laisse,
et sur la bouche
un équateur au goût de poivre mâle.

Mes vieux déserts,
qui ont perdu leur nom, refusent
celui que je leur jette
comme un cadavre de brebis :
leur agonie leur est plus chère que mon verbe.

La mer : le meilleur sang ;
la mer : le geste qui déplie
un horizon malade,
qui replie une aurore
comme une lettre écrite
à un arbre perdu ;
la mer qui ralentit les mots :
ils galopaient comme des vagues ;
la mer est un traité de paix
entre l'étoile et le poème.
La mer, cette altitude !
la mer, ce coquillage
où se frottent les squales rêveurs !
Et l'algue, cette algèbre !
Et le ressac, ce thème qui s'enivre
d'un mot cueilli dans le corail !
Et l'île, ce mystère de la page
qu'un somnambule emporte comme un fruit !
Ô mer, je suis la fable
que tu m'as lue le jour où tu te fis humaine !
Ô mer qui rédiges les bibles du silence,
n'es-tu donc plus que ce peu d'eau qui se suicide ?

Mon univers, trop bien pensé,
trop mal relu,
mon univers reste à écrire.

QUEL ROYAUME OUBLIÉ ?

1

Ici naquit le rire. Ici naquit
la parole de l'arbre. Ici naquit
le geste du silex. Ici naquit
le doute minéral, puis le mensonge
qui dort dans l'intestin de la montagne.
Ici naquit le rêve du squelette,
puis le premier amour de l'araignée
pour le ciel veuf. Ici naquit l'effort
des choses vers la femme et des objets
vers l'homme. Ici mourut, soudain comprise
et déjà dépassée, la race humaine.

Le vent du Sud rongeait les hommes.
Les temples perdaient leurs oiseaux.
On achetait des horizons
sous les tilleuls, comme on achète
des filles vierges dans les rues.
La ville tombait à genoux.
Le fleuve malade mendiait
chaque matin de porte en porte
l'écho de son propre mépris.
« Il vaudrait mieux », dit le sorcier,
« que le jaguar égorge enfin
notre pays. » Mais le jaguar
a préféré le sang d'un arbre.
On décréta la décadence,
qu'on célébra pendant mille ans.

3

Au loin ce chat rouillé. Au loin
cet arbre qui se gratte. Au loin
cette île qui se prostitue
pour s'acheter un nom de femme.
Au loin cet azur prisonnier.
Au loin ces volcans acariâtres.
Ici plus rien ! ni la tristesse,
ni le soupir, ces palmiers nus.
Ici chacun de nous est mort
depuis vingt siècles tant de fois,
qu'il ne sait plus comment s'y prendre
pour mourir d'une mort qui tue.

4

Ô toi qui t'aventures
ici où chaque chose
met un siècle à comprendre
sa forme, et plus de cinq
à l'accepter, va-t'en !
va-t'en ! car la colline
volera tes chansons,
et l'île tes genoux.

5

Non merci, pas de corps !
ce pollen me suffit.
Non merci, pas de terre !
cette étoile me porte
comme un chameau docile.
Non merci, pas de dieu !
je ne crois qu'en ce fleuve
qui se moque de moi :
je suis ce que les hommes,
conseillés par la grêle,
inventent pour donner
un visage à l'oubli.

Quel squelette choisir :
celui que la montagne
dépose au bord du fleuve
le dimanche à midi,
ou celui que l'oiseau
a volé à l'azur
lorsqu'ivre il embrassait
le palmier de l'orage ?
Pourquoi, pourquoi les dieux
plus méchants que des loups,
m'ont-ils ordonné d'être ?

Balayez la parole,
puisque je suis un arbre,
puisque le ciel me sert
de nuque, et les étoiles
de lèvres tatouées,
puisque je suis moins homme
chaque jour, et plus neige
que la neige qui pousse
sur la mer endormie.
Balayez la parole,
vous dis-je, cette ordure !

Je ne sais pas ce que cela veut dire :
aimer la terre, aimer le ciel trompeur,
aimer l'orage, aimer la jeune chair
plus navigable qu'une étoile, aimer.
Je ne sais pas ce que cela veut dire :
haïr une gazelle qui grelotte,
haïr comme un sorcier le vieux soleil
qui déshérite l'équateur, haïr.
Aimer, haïr, ce sont paroles d'homme,
et moi je suis un être élu des dieux :
tournesol au matin, sable à midi
et, vers le soir, une araignée heureuse.

Être un cheval tout neuf.
Être un soleil qui crie
sa vérité au vent.
Être un maïs qui germe
plus de fois que la fille
allongée dans la rue.
Être un arbre exilé
qui s'invente un royaume.
Avoir un océan.
Avoir une presqu'île
qui danse comme un feu.
Avoir sa capitale
au coin de chaque bois.
Avoir une aube prête
à sauter sur la nuit.
Avoir la peau en or.
— Vous savez bien pourtant
que l'or est somnambule.

Dans chaque oiseau dormait une montagne.
Dans chaque main le reptile sacré
mangeait du sel. Dans chaque rue du port
un vieil évêque interrogeait un arbre.
Tout nu était le vin, et près du fleuve
on pleurait les savanes disparues
depuis leur rendez-vous avec la neige.
Comme il manquait de feu, le sorcier prit
pour épouse la ville qui brûlait.

Quand le tigre mangea la capitale,
l'azur manqua de volonté. Ce chêne
s'en souvient, sourd-muet qui se changea
en obélisque. Approche-toi ! lis en
l'oiseau qui va cueillir nos yeux, volés
par goût du crime à l'aurore malade.

Les caravelles toussaient dans le port.
La reine, cette lune comestible,
caressait le sorcier comme on caresse
un girafeau blessé à la narine.
Pour la huitième fois, l'aube émigra
parmi les négociants qui revendaient
aux platanes trompés leurs feuilles mortes.
Dans sa cage de feu, l'aigle royal
se contenta d'un horizon carré.
Il fallut bien châtier les innocents :
chaque femme devint une fontaine,
et chaque homme un cactus. Puis on lava,
pour lui plaire à nouveau, le cou du ciel.

À Léon-Gabriel Gros

« Les roses nous admirent. Les chats nus
font le tour de nos hanches. Les rivières
nous offrent leurs troupeaux. Les vents se disent
nos serviteurs. » Ainsi parlent nos sages,
qui nous veulent heureux. Mais chaque jour
une rose empoisonne le royaume,
une tigresse emporte la comète
qui nourrissait la reine ; un crépuscule,
de son couteau d'orage, crève l'œil
du roi. Louable est le roi : il se tait,
il sourit, il accepte. Et nous aussi
nous acceptons la vérité des sages,
la vérité de ce qui devrait être.
Qui sommes-nous pour croire ce qui est ?

Sinueuse leur parut la nouvelle,
comme les aventures de l'iguane.
Les sorciers dirent : « Brûlez-vous les yeux,
et vous devinerez la vérité. »
Les sages dirent : « Baisez la joue gauche
d'un âne en train de braire. » Et les tempêtes
dirent : « Quatorze fois éternuez
en posant vos genoux sur l'océan. »
C'est ainsi qu'ils comprirent la nouvelle :
leur plus grand roi avait ri sans raison,
leurs dieux n'étant plus divins qu'à moitié.

À Jorge Carrera Andrade

C'était un colibri, mais par ma faute.
C'était un soir de lait, car j'avais soif
d'un dieu qui fût tout blanc. C'était un fleuve :
allez-vous m'en vouloir ? C'était la queue
d'un tigre : enfant, je n'ai jamais joué.
C'était un arbre, et ses hiéroglyphes
lui faisaient un manteau. Comprenez-moi,
je suis né sous l'étoile la plus ivre
de notre ciel, un ciel raccommodé
car mon père était pauvre et ne pouvait
en acheter un autre. C'est pourquoi
je confonds le pays le plus secret :
il est très vert comme les choses crues,
et le pays public : il est tout noir,
plus noir encore que les choses cuites.
C'était un colibri, mais je mentais.

L'arbre suivit l'enterrement
de la comète. Les montagnes
jurèrent de ne plus danser.
Malgré l'avis des vieux vautours,
la mer s'enferma dans une île.
L'homme — c'était son seul hommage —
crut s'amputer de ses deux bras :
le lendemain ils repoussèrent.
Pour se venger, il répudia
l'azur natal. Quatre mille ans
plus tard, il sut qu'il est des deuils
que l'homme ne doit pas souiller.

À Claude Couffon

Entre le soir et le matin
il n'y a qu'une différence :
c'est un oiseau de paradis.
Entre l'oiseau et le cheval
il n'y a qu'une différence :
c'est un azur nourri de lait.
Entre l'azur et la statue
il n'y a qu'une différence :
c'est l'eau qui souffre d'insomnie.
Entre l'eau, l'air et le gazon
y a-t-il une différence ?
Demandons-le au grand sorcier
qui raccommode les étoiles :
lui seul connaît la différence
entre homme et homme. S'il se trompe,
c'est que l'oiseau est un cheval,
l'azur une statue, le soir
un matin de septembre et l'homme,
malgré lui-même, presque un homme.

Même la rose, voyez-vous,
avait appris à mentir. Même
l'encre si douce des pigeons
servait à falsifier l'aurore.
Comprenez bien ! les jeunes femmes
étaient perdues, car de leurs yeux
on retirait tous les matins
un peuple entier d'étoiles mortes.
Même les mots, vous l'ai-je dit ?
étaient des puces qu'on écrase.
On n'a pas pu désinfecter
notre pays de sa mémoire,
et c'est ainsi qu'il a mêlé
cendre et froment, cheval et aube,
amour et haine, homme et salive.

19

Il se disait fils de comète,
dans chaque poche un océan,
le mois d'octobre sous le bras.
Il ne mangeait que le profil
de la montagne, et ne parlait
qu'aux sycomores généreux
qui lui offraient leur beau vertige,
c'est-à-dire le ciel, tué
le matin même comme un coq.
Lorsqu'on le taquinait un peu,
il dépliait son horizon,
distribuait ses équateurs
et, comme un clown, il retirait
de son cœur, en riant, la lune.

Il s'éloigna, son arbre en laisse.
Un mur manquait à sa maison.
« Le vieux soleil », expliquait-il,
« venait chez moi ; je bavardais
pour qu'il s'endorme sur mon lit. »
Ce que lui dirent les montagnes,
il ne faut pas le répéter
aux cormorans. La mer non plus
n'était pas son amie. Le ciel
alla même jusqu'à briser
sa jeune lune sur sa tête.
Quand il souleva l'horizon
pour disparaître, plus personne
dans ce pays ne put parler,
car tous les mots l'avaient suivi.

Il enseignait à lire à l'équateur.
Il tenait un requin entre les dents.
Sous ses genoux ronflait une forêt.
Il avait pour esclave un horizon.
De temps en temps, d'un ongle il caressait
sa montagne plus douce qu'une chatte.
L'océan, pris de peur, obéissait
à ses deux yeux qui étaient l'océan.
Une femme parut. Les gypaètes,
les ressacs, les moissons, les tramontanes :
toute sa vie qui était étoilée
rentra, honteuse et triste, sous sa peau.

Tu dois m'aimer comme le fleuve.
Tu es à moi dans ta vertèbre,
dans ton profil. Tu es mon jour
qui répudie la nuit, l'égorge,
l'enterre sous un citronnier.
Tu es mon île, et si tu trembles,
c'est de peur de déplaire aux bêtes :
l'iguane tatoué, le lynx
et la gazelle aux cent pétales
à qui tu donneras nos yeux,
hommage de notre amitié.
Tu dois dire à ton sang qu'il est
mon seul oiseau, car c'est pour toi
que j'ai tué tout un royaume,
pour tes genoux voleurs de fruits.

Elle pela le ciel comme une pomme
encore verte. Elle voulut une aube
qui fût blonde comme elle — car chez nous
l'aube est noire à jamais puisqu'elle est l'âme
du tigre. Elle égorgea les fiancés
de notre lune et choisit pour amant
un épervier qui déchirait nos îles.
Notre équateur gémit. Notre montagne
pleura comme une bête fouettée.
Nous souhaitions sa mort, mais lorsqu'un jour
une comète l'emporta, le peuple
en fit, le même soir, une déesse
car au lieu de souffrir — ce qui est simple —
il souffrait d'être libre et de penser.

Chaque pierre est un siècle : comptez-les,
puis si la vigne dort, réveillez-la
car il faut un témoin à l'horizon
que poursuit l'étranger. Chaque ombre aussi
invite quelque mâle : un océan
qui vient ici malgré notre altitude.
Essuyez cette larme ! Elle pourrait
devenir une bête vénéneuse ;
alors notre royaume reprendrait
le chemin du mépris, et les montagnes,
lasses de vivre, saigneraient à blanc.

Nageait, nageait l'orange. Soupirait,
soupirait le coucou. La grande ville
grimpait sur la montagne. Un muletier
criait, criait : « Enfermez les chevaux !
Notre comète a juré de les pendre
demain à l'aube aux branches du troène. »
Blanchissaient, blanchissaient les tatouages.
L'océan décédé sentait le riz.
Les épagneuls ne rongeaient plus la lune.
Bâillait, bâillait le lac, et les insectes
apprenaient leur métier de pierres folles.

À *Juan Liscano*

La ville errait comme une folle.
Les morts couraient sur la montagne.
Depuis ce jour — ils nous montrèrent
un livre froid comme une anguille,
puis renvoyèrent l'horizon
de l'hôpital où il dormait —
tout n'est qu'exode ! « Il faut partir »,
s'écriait-on. Ils galopaient,
les amandiers ! Elles sautaient,
les maisons molles dans le soir !
Chacun congédia ses épaules,
ses mains fidèles, ses genoux,
pour rester digne de l'exil.
Voilà pourquoi cette jument
sera toujours une statue,
ce lac un grand tapis malade,
ce pays un objet brisé.

Car les volcans remuaient les paupières.
Car les oiseaux léchaient les citronniers.
Car les simouns emportaient les presqu'îles.
Car les cascades déchiraient l'épaule
de leurs forêts. Voyageur, voyageur !
quand tu seras repu de nos légendes,
n'oublie pas de creuser jusqu'au squelette
de l'océan : assis devant son crâne,
tu comprendras le refus de connaître.

28

Je dis : « Relève-toi, fleuve blessé. »
Je dis : « Courbe la tête, arbre de feu. »
Je dis : « L'histoire des ancêtres peints
nous enseigne à dompter la nuit volage. »
Je dis : « Il suffit de lécher la ville
pour qu'elle disparaisse comme un pou. »
Je dis : « Si tu veux épouser l'aurore,
apporte-lui ta main droite à manger. »
Je dis, je dis, mais je ne suis personne.
Je suis celui qui parle et qui refuse,
dans sa légende, et la chair et la forme.

Arrière-petit-fils d'un océan
sage et lettré, petit-fils d'un reptile
qui annonçait les tremblements de terre,
fils du feu et de la neige invisibles,
père d'une montagne à marier,
grand-père d'un soleil qui ne se couche
jamais sur ce pays, je dors. Passant,
beau passant ! laisse-moi ton ombre fraîche :
elle est trop chaude, mon éternité.

Enfin, lorsque la lune se déshabilla,
l'arbre devint mousson, la montagne requin,
la cascade égarée comète domestique.
L'univers était prêt pour la métamorphose.
Jeunes ou vieux, les océans abdiqueraient.
Les îles seraient renvoyées chez les cigognes.
Des statues régneraient sur les siècles femelles,
et sur les siècles mâles, des juments sacrées.
C'est alors qu'un mendiant déplaça l'équateur :
déçu par l'homme, l'univers resta tel quel.

Mexique, 1942.
Paris, 1954.

Premier testament
(1957)

À Roger Caillois

Point d'œuvre qui ne se retourne
contre son auteur : le poème écrasera
le poète.

E. M. CIORAN :
La tentation d'exister.

Nommer, non, rien n'est nomma-
ble ; dire, non, rien n'est dicible.

SAMUEL BECKETT :
Textes pour rien.

PREMIER TESTAMENT

J'ai dit « pomme » à la pomme ; elle m'a dit « mensonge » ;
Et « vautour » au vautour qui n'a pas répondu.
Dans mon livre, le soir, la comète s'allonge,
Et l'amour n'est amour que douze fois relu.

Mon corps est, lui aussi, un livre qu'il faut lire,
Puisqu'on lit un genou comme on lit l'horizon.
Vivre ou écrire, écrire ou vivre ? Je soupire :
Dans le verbe ma chair a trouvé sa raison.

Il est si roux, le mois d'octobre entre les pages ;
Il est si vert, le mois d'avril, à peine âgé
D'un mot qui dit l'amour, d'un mot qui fait l'image ;
Il est si gris, le mois qu'il me faut corriger.

Un agneau tout à l'heure est sorti de mon verbe ;
Il a fait quelques pas dans le ciel de l'été.
Mon agneau si verbal, vas-tu brouter mon herbe,
Verbale comme toi : je viens de l'inventer ?

Qui parle à mon poème ? Il est triste et fragile.
Quand je lui dis bonjour, il se croit supplicié,
Congédie son aurore et déchire ses îles
Pour vivre de silence ; il est mon seul sorcier.

Qui parle à mon amour ? Il se veut impudique.
Le vice est beau, mon livre, et c'est moi qui te mords !
Où commence la chair ? Où finit la musique ?
Je sais que la parole est toujours un remords.

S'il faut que le poème écrive son poète,
Dis-moi, mon livre, est-ce de toi que je suis né ?
Quelle page a prévu ma naissance indiscrète
Et prédit mille fois : « Tu seras condamné » ?

★

Ce soir je ne veux rien. Mon nom est anonymé :
On le donne au serpent, on le donne au ciel bleu,
On le donne au rondeau qui égare ses rimes,
On me le rend enfin, car personne n'en veut.

Je me résigne à m'accepter. Je n'ai pas honte
D'être ce qu'on me fait, d'être ce que je suis :
Une aventure un peu badine qu'on raconte
À des gens de passage, en agaçant un fruit.

Je garde ma fierté. Je suis ce qu'on impose
À la neige, au cyclone, au platane bancal :
Un cri de désespoir, un dégoût de la prose,
Une image affolée qui se sauve à cheval.

Si je passais de l'analyse à la panique,
Je pourrais sans effort m'aimer ou me haïr.
Je n'en peux plus de ces mystères qu'on m'explique :
Je veux vivre sans moi pour mon propre plaisir.

Si je troquais mon équilibre pour la rage,
Qui sans cesse me dit : « Tout s'écroule et tout meurt »,
Je n'aurais qu'à noircir une dernière page
En déchirant, comme un sonnet, mon équateur.

Si j'apprenais que vivre est avant tout se taire,
Je serais hypocrite, et ferais de mes mots
N'importe quoi pour les sauver : des fleurs légères,
Des étoiles fanées qu'on donne aux animaux.

★

Verbe en feu ! je dirai ce que fut mon enfance.
On dénichait la lune rouge au fond des bois,
On habillait de bleu la neige, et en cadence
On criait au soleil : « Rendez-vous sur le toit ! »

Corps en sang ! je dirai ce que fut ma luxure.
J'épousais chaque nuit la femelle du loup.
En dehors de la chair il n'est pas de lecture.
Mon livre, saignes-tu ? j'ai forcé tes genoux.

Vain désir ! je dirai ce que fut mon inceste.
Je suis mon propre amant, mon poème interdit.
Ce pauvre amour de tête est le seul qui me reste ;
Mon dimanche a déjà dévoré mon lundi.

Vaine mort ! je dirai ce que fut mon naufrage.
J'ai pénétré en moi, était-ce l'inconnu ?
Je n'y ai rien trouvé, pas même un coquillage.
C'est mon pire ennemi qui en est revenu.

★

Faut-il se souvenir ? J'habitais mon aorte.
Parfois, pour mieux me supporter, je m'appliquais
À vivre pour de bon. Je n'avais pas de porte,
Pas d'âme, ce glaçon ; pas de cœur, ce briquet.

Parfois le désespoir portait quelques pétales,
Que j'arrachais : c'était au fond d'un vieux café ;

Une servante chauve y jouait à la balle
Avec un enfant borgne, au visage griffé.

Dans la nuit, mes tiroirs étaient pleins de montagnes.
Sur ma chaise dormait un ciel inachevé.
Le printemps le plus doux, je l'envoyais au bagne :
Vivre était un défi qu'il fallait relever.

À ma jeunesse — elle habitait une mansarde —
Je murmurais : « Je reviendrai dans quarante ans. »
À ta place, jeunesse, un squelette se farde ;
Il me sourit à peine : est-ce moi qu'il attend ?

Je craignais de parler, au temps des mots reptiles.
Les proverbes laissaient des verrues sur les doigts.
La parole est toujours une proie difficile.
Je ne chante jamais qu'un chant du désarroi.

Chaque prose pesait autant que la planète.
La poésie criait : « J'arrache mon faux col ;
Je ne suis pas ce que prétendent les poètes. »
Les mots se détournaient comme des tournesols.

Mes phrases défoncées, je faisais le voyage
De la vie à la mort, de la faute à l'erreur.
Je m'aventure au bout de mon pauvre langage.
Je me trompe, j'invente, et c'est mon seul bonheur.

L'oubli et le dédain, l'ironie et le doute,
Ces quatre chevaliers prenaient part au combat
Qui se livrait en moi chaque matin. J'écoute :
Seul l'oubli est resté, qui dort entre mes bras.

L'église carnivore aux ailes qui s'agitent,
Descendait sur la ville en déchirant le soir.
Au lieu d'agir, au lieu de tout brûler, j'hésite ;
Ma révolte a perdu le moindre désespoir.

Je ramenais chez moi la plus belle gargouille ;
J'en faisais mon visage : oh, la mort n'est qu'un bal !
On solde l'au-delà. Dispersez ma dépouille !
Je ne vends pas ma mort à l'au-delà vénal.

Soudain, l'apocalypse était à la fenêtre,
Comme un journal déposé là par le facteur.
Ma fin du monde, est-ce à mon tour de disparaître ?
Vivre n'est plus que vivre en proclamant : « Je meurs. »

Je demeurais dans cette vie, mais sans y croire :
Un bail de quinze jours, quitte à déménager.
Je n'étais pas chez moi dans mon corps dérisoire ;
J'ai sous-loué mon rêve à un rêve étranger.

Je m'offrais pour ma fête une île bien-portante.
C'était l'année Dix Mille ; on vivait de coraux.
Une île bien en chair, c'est cela qui me hante.
Tous mes calendriers marquent l'année zéro.

L'espace allait renaître en mon regard complice.
Le temps allait mourir pour un mot mal placé.
J'abdique. Un seul néant suffit : qu'il s'accomplisse !
Amour, planète, esprit ! j'en suis débarrassé.

Encore faudrait-il conquérir le silence,
Et se dire cent fois : « Je sais que tout est dit. »
Oubliez-moi, refrains ! oubliez-moi, romances !
C'est ainsi que la prose hypocrite grandit.

Encore faudrait-il, pour honorer l'aurore,
Se faire aurore, et pour aimer l'oiseau de fer,
Être sa rouille. Ô lieu commun ! tu me dévores.
Ni l'aube ni l'oiseau ne peuplent mon désert.

Mon histoire est pipée. Dissipez-vous, mirages !
Ni dames ni valets, je reste sans atouts.
Je joue au vrai poète, est-ce là mon chantage ?
Je triche mais je perds. Je me moque de tout.

★

Souvenirs, souvenirs, ô ma mémoire en loques,
J'ai moins de souvenirs que l'enfant le plus nu.
J'ai joué à surprendre un esprit qui suffoque
De m'avoir, malgré lui, mille fois combattu.

Un peintre qu'on salue, un jardin qui s'envole,
Un garçon de six ans qui veut mordre le ciel,
Un livre puéril qui retourne à l'école,
Un poème nourri de mots artificiels,

Une pomme rongée par un soleil avare,
Un désespoir ancien qu'on tue dans un taxi,
Un paysage déchiré que l'on répare,
Un horizon debout, un sycomore assis,

Une épaule mouillée par l'épaule d'un fleuve,
Un œil au fond d'un œil pour mieux se regarder,
Une oreille de femme où l'océan s'abreuve,
Un visage naissant mais déjà décédé,

Un train qui ne veut pas s'arrêter dans les gares,
Une île débauchée qui change d'archipel,
Un navire en détresse : il danse autour d'un phare,
Un cormoran qui comparaît en cour d'appel,

Une comète qui admet : « J'ai fait faillite »,
Un étang que secoue une crise de nerfs,
Un couloir d'hôpital où le docteur hésite :
Une montagne est morte opérée du cancer !

Un chapitre d'amour, un manuel du rêve,
Un azur imprimé par de faux-monnayeurs,
Une rose qui dit : « Nous ferons tous la grève,
Voici vingt ans qu'on nous promet des temps meil-
    leurs » :

Ces débris, ces fragments, je te les énumère,
Ma mémoire trompée qui te tiens à l'affût.
Je ne veux pas parler, je ne peux plus me taire,
Ni séparer ce qui sera de ce qui fut.

★

Je dis non à l'été, je proteste, je grince.
Je dis non à la plaine et j'arrache ses fleurs.
Je n'ai pas de pays, je ne veux pas de prince.
Je lave l'arc-en-ciel de toutes ses couleurs.

Je dis non à l'aurore et j'enlève son masque.
Je dis non au soleil, je lui jette un pavé.
Ma nuit est sans vertèbre, et mon jour est si flasque !
Le jour qui m'appartient ne veut pas se lever.

Je dis non à la mer, je dis non au voyage.
Ma chambre est dans l'écume, et ma vie dans le sel.
Je dis non à mon corps, je joue un personnage
Sans amour ni douleur : qui me dira lequel ?

Je dis non à l'hiver, je dis non au solstice.
Je veux que l'avenir soit déjà le passé.
Du fond de mon chaos j'appelle mes complices,
Pour remettre à l'endroit mon siècle renversé.

Je dis non à la loi, je dis non aux frontières
Que je franchis en criminel, sans passeport.
Qui me dira si cette étape est la dernière ?
Passager clandestin, ai-je droit à ma mort ?

Je dis non au pommier, je n'en veux que l'écorce.
Je dis non à ma terre, un caillou me suffit.
Pour un être oublieux de sa forme et sa force,
Le seul air respirable est un air de défi.

Je dis non à mon nom, je suis celui qu'on nomme
« Le chèvrefeuille » ou « le moustique », au gré des vents.
Je dis non à mon verbe, et je reste cet homme
Pareil à du coton qui s'achète et se vend.

J'ai dit oui à l'amour ; je n'ai pu le comprendre.
J'ai dit oui à la transe ; elle fut mon effroi.
J'ai dit oui au poème ; il n'en reste que cendre.
Je ne dirai plus rien, tout se fera sans moi.

★

Je suis seul, je suis seul, c'est l'heure des tempêtes.
Les mots à qui je parle ont peur de me parler.
La nuit m'entoure, je m'accroche à ma planète.
Le sud est-il au nord ? Mon étoile a coulé.

Je suis seul, je suis seul, il neige des navires.
L'équateur est couvert de gouvernails brisés.
J'ai tenu l'océan comme une tirelire.
Tangage de ma chair, quand vas-tu t'apaiser ?

Je suis seul. C'est de moi que mon rire se moque ;
Il a mangé la lune, ainsi font les vautours.
L'ancre perce mon crâne : on dirait une coque
Qui tourne, se retourne et n'a plus de contours.

Je suis si seul que mon squelette m'abandonne.
Vas-tu te vendre, mon squelette ? C'est ton droit.
Mon verbe me trahit, mais plus rien ne m'étonne.
Si je meurs, l'univers n'en sera pas plus froid.

Je connais ma leçon ; je dois dire : « J'existe »,
Même si le pollen a remplacé mon cœur.
Qui craint la mort ? La mort ne saurait être triste ;
Grâce à elle ma peau se couvrira de fleurs.

Je connais ma leçon, la belle convenance !
À chaque désespoir, il faut dire : « Merci. »
Je ne dis rien, je suis cloué sur mon silence.
Pour un mot de travers mon corps se rétrécit.

Je suis obéissant ; ce qu'un poète invente,
Ne vaut pas une rose emportée par les flots.
Roses, roses sans nom, vous êtes plus vivantes
Que votre nom qui ne sera jamais éclos.

Je suis obéissant ; je dois servir les hommes.
Le courage me manque, et je m'y prends si mal !
Effacez-moi, je vous l'ai dit, d'un coup de gomme,
Ô dédain du silex, ô mépris végétal !

Si vous voulez — c'est un dernier pèlerinage —
J'irai au bout du monde, et ne saurai pourquoi.
Le monde est soupçonneux, il me demande un gage
D'amour ou d'amitié, sous le soleil bourgeois.

Si vous voulez — c'est une ultime tentative —
Pour le règne du bien je verserai mon sang.
Déjà le sang devient une simple salive ;
L'oiseau de paradis, un oiseau commerçant.

Ensemble nous courons, notre univers en laisse
Qui nous dit son plaisir de nous savoir vivants ;
Ma joie, ma joie, veux-tu cueillir une caresse :
Tous les fruits du pommier sont des soleils levants ?

Pour mieux te rendre les honneurs, je mobilise
Mes astres personnels : ce sont d'anciens conscrits.
L'espace ne connaît que le mois des cerises.
Ma joie, tu dis : « Ta joie est née de tes écrits. »

Ma joie, ma joie, comme un cadeau d'anniversaire :
Le premier frac de mes vingt ans raccommodés,
Ma joie, me diras-tu si je suis plus sincère
Que tu n'étais sincère en me jouant aux dés ?

Ma joie, ma joie, je faisais rire les platanes,
Et dans les rues du port danser tous les trottoirs.
Pauvre joie sur commande, aujourd'hui je ricane !
Ma joie, la fin du monde est joyeuse ce soir.

Je suis un arbre. Croyez-moi : voici mes feuilles ;
Verte est ma vérité, j'en ferais le pari.
Encore humain par la raison, je me recueille,
Chêne orgueilleux qui ne veut pas être compris.

Je suis un arbre. Croyez-moi : je distribue
Mon plus riche vertige à mes frères cadets.
Je donnerais — puisque la sienne est déjà bue —
Ma sève au séquoia, s'il me la demandait.

Je suis un aigle. Croyez-moi : voici mes plumes.
Depuis quarante nuits je couve un horizon.
A sa sortie de l'œuf — ce devoir, je l'assume —
Je lui dirai : « La vie est la pire prison. »

Je suis un aigle. Croyez-moi, sur les collines
J'écris mon épopée. Ne tendez pas le cou,
Vous ne lirez jamais mon œuvre clandestine ;
Contentez-vous des vers que déclame un hibou.

Je suis un fleuve. Croyez-moi : voici mes rives.
Tous les jours, un poulain vient me dire : « Miroir,
Suis-moi, puisqu'en tes flots mon image est plus vive
Que dans les yeux de ma pouliche, où tout est noir. »

Je suis un fleuve. Mon agence de voyages
Fonctionne jour et nuit ; ses bureaux sont ouverts.
Ils sont fermés pour moi, poète sans bagages.
Je finis dans la prose : on la nomme la mer.

Je suis un caillou gris ; je n'ai pas d'autres titres.
Je rêve, en durcissant, les rêves de mon choix :
La planète était molle, et je faisais l'arbitre
Dans la lutte sans fin du feu contre le froid.

Je suis un caillou gris, un caillou gris qu'on lance
Dans un parc au printemps, et qui frappe un vieillard.
Il en meurt ? il survit ? Je suis l'indifférence.
Ne pleurez pas ! le seul coupable est le hasard.

Suis-je l'être ou l'objet ? Je suis ce qui oppose
Le signe du mystère aux signes de l'erreur.
La faute que je suis, quelle métamorphose
En traduira jamais la rage et la terreur ?

Ô mon oiseau de flamme, il faut que je respire !
Il faut vivre par cœur, il ne faut pas penser.
Ma vie — je l'ai voulu — n'est plus que la satire
D'une vraie vie. Pardonne-moi, pauvre passé !

Ô mon livre sévère, il faut que je me lave
De tes retours sur toi qui m'empêchent d'agir !
Ma vie — je l'ai voulu — est à peine l'épave
D'une vraie vie. Pardonne-moi, pauvre avenir !

Ô mon soleil félin, tu danses, tu te sauves
En rugissant dans la prairie ! Tout est permis,
Puisque j'arrache de mes mots leurs voiles mauves.
Mes mots qui êtes nus, serez-vous mes amis ?

★

Je ne sais rien de moi. Cette chair de fortune,
Ce squelette d'emprunt, ce prénom étranger,
Ils ne composent rien qu'une immense lacune.
Ah ! c'est en vain que le néant s'est dérangé !

Je ne sais rien de moi. Est-ce là ma limite,
Ou la promesse de nouveaux étonnements ?
Ile rongée par le remords, ma vie s'effrite :
Elle n'est qu'un cadavre, et je suis son amant.

Va jouer, mon esprit ! La montagne t'appelle.
Guéri de ses pensées, le ciel convalescent
T'invite à devenir sa plus pure gazelle,
Une bête qui broute, au regard innocent.

Sois heureux ! La parole aujourd'hui fait relâche.
Au grand cirque on répète un poème inédit.
Entends-tu cette voix ? Le poème se fâche ;
Il griffe son dompteur ; comme un fauve il bondit.

Sois fou ! Achète-toi, pour la fête foraine,
Un revolver à eau : tu vas t'en divertir.
La lune te sourit ; elle est bossue et naine.
Demain le monde entier sera ton champ de tir.

Nous sommes tous d'accord ! je dois chanter la gloire
De ma vieille planète : on dit que j'y suis né.
Ma planète, pourtant, je la sais provisoire
En mon instinct qui ne veut rien lui pardonner.

C'est entendu ! je dois chanter la vie moderne.
À l'usine, un manœuvre a perdu ses dix doigts.
Cet incident banal, crois-tu qu'il me concerne,
Planète apitoyée ? J'écris mes propres lois.

N'insistez pas ! je dois chanter les hommes rudes :
Le mineur, le marin, les meilleurs des métiers.
Planète ! mon métier, c'est mon incertitude
Qui me divise en mille. Ah, si j'étais entier !

J'ai bien compris ! je sais, je dois chanter la table,
Le clou, la scie et le marteau. Mais j'ai trop lu ;
Au lieu de travailler, j'ouvre mon incunable.
Planète ! c'est mon seul instrument d'absolu.

Je le promets ! je vais chanter la race humaine.
Ma planète ! on dirait un tonneau de harengs
Qui se pressent pour vivre. Est-il plus grande peine
Que cette peine qui me laisse indifférent ?

★

Je t'oubliais, mon âme. Es-tu cette orpheline
Qui me suit tous les soirs ? Ton visage est-il franc ?
Ma poésie t'ignore ; elle n'est pas encline
À s'attendrir ; elle se donne au plus offrant.

Je t'oubliais, mon âme. Es-tu cette héritière
Qui m'invite pour mieux me priver de mes droits ?
Mon agonie de quarante ans, elle est si fière,
Même au dernier sursaut, de se passer de toi !

Je t'oubliais, mon Dieu, toi qui n'es que moi-même.
Je voulais m'affirmer, revivre en te créant.
Pour un homme si lâche, ô lâche stratagème !
Créateur ou créé, nous sommes le néant.

Je t'oubliais, mon Dieu, les temps sont difficiles.
Tu n'as jamais été qu'un luxe, un passe-temps.
Je mourrai sans espoir, j'attends que l'on m'exile ;
L'espoir est une gourmandise. Dieu, va-t'en !

★

À nous deux, maintenant, mon siècle ! Mais tu trembles ;
Est-ce d'avoir perdu ton âge de raison ?
Comme un vieillard aveugle et triste, tu rassembles
Tes douze chats qui te servirent d'horizon.

Tu ne sais pas ce que tu veux, dans ta panique.
Poète assassiné, je me dis l'assassin.
Je tremble comme toi, mon siècle apoplectique.
Mourir dans la grimace est notre seul dessein.

Je me souviens de tes chevaux, de tes carrosses,
De tes duels plus gais que les bals travestis.
Ô refus de comprendre ! ô bonheur trop précoce !
Ma crise de croissance, où a-t-elle abouti ?

Je me souviens : c'était le mois du canotage ;
Tu ramais, je rêvais, nous étions enlacés.
À présent, le canot, le lac et le village,
Où sont-ils ? Un cratère aura tout remplacé.

Il ne pleuvait jamais, c'était une embellie
Qui durait, qui durait... Le sel était en fleur.
Aujourd'hui le soleil annonce la folie.
Chaque rose devient l'outil du fossoyeur.

Depuis trente ans, depuis trente ans, comme une louve
Tu te ronges les os ; mais tes os sont épais.
Je ne peux rien pour toi. Que veux-tu que j'éprouve ?
Je me méfie : je n'ai jamais connu la paix.

Faut-il vivre ou mourir ? Veux-tu que je réponde
À ton dilemme ? Aucun de nous n'est innocent.
Ta seule affaire est désormais la fin du monde :
C'est ton plus grand honneur. Laisse parler le sang.

Seras-tu le dernier, mon siècle de menaces ?
Mon esprit surpeuplé ne distingue plus rien.
Tu ne sais rien non plus ! Voici venir les glaces.
C'est le retour, mon siècle, au siècle des sauriens.

Dis-moi, mon siècle, est-ce à nouveau la préhistoire ?
Le requin s'aventure au fond d'un ciel velu.
Nage-t-il ? vole-t-il ? L'oiseau perd ses nageoires.
L'homme n'est qu'un silex ; pourquoi l'a-t-on élu ?

On bombarde ce soir toutes les capitales.
La raison de la bombe est la seule raison.
Chaque île s'est changée en machine infernale.
On bombarde la mer : la mer est un poison.

Séparons-nous, mon siècle. On t'a mis les menottes ;
L'An Mille est revenu, il va te détrôner.
Homme, c'est contre toi qu'on cherche un antidote.
Jeune atome, c'est toi qui m'as contaminé.

Tu t'éloignes, mon siècle. Étais-tu ma méprise,
Ou l'erreur la plus grave où je me suis complu ?
Je t'aime, continent, mais je te pulvérise,
Car l'homme a décidé que l'homme est superflu.

★

99

Des pensées, des pensées qui me donnent l'ulcère !
Il faut sortir de soi, il faut vivre à vau-l'eau.
Il faut dire : « Bonjour, spectacle de la terre !
Bonjour, grenouille ! as-tu dormi dans ce bouleau ? »

La raison, la raison, c'est une hémorragie.
Il ne faut plus écrire, il ne faut plus saigner.
Je guéris de moi-même, ô ma chair assagie !
J'accepte le printemps que j'ai trop dédaigné.

La poésie, la poésie, j'en suis malade !
Le printemps n'est printemps que s'il n'est pas écrit.
J'attends ma guérison de cette promenade
Que je fais seul, sans l'avouer à mon esprit.

★

Au retour d'un congrès les cigognes discutent :
Faut-il voter la loi des arbres migrateurs ?
Le poète inconnu, renonçant à la lutte,
Écrit sur son courrier : « Retour à l'envoyeur. »

Le magicien s'éprend de toutes les montagnes ;
Il n'en laisse que sel, qui pouvait le prévoir ?
Toujours, à ce jeu-là, c'est le désert qui gagne.
Il n'est pas de sérum contre le désespoir.

La comète coupable échappe à la justice ;
La nuit blessée reçoit des soins à l'hôpital.
Qui prouvera que l'une et l'autre sont complices ?
« Elles ont tué l'aube », affirme le cheval.

Sous les tamariniers, l'instituteur prononce
Les mots sauvages qui sont nés dans la forêt.
Ses élèves — le tigre a bougé sous les ronces —
Ne disent rien : les mots ne sont plus dans le vrai.

100

Le scarabée détruit mon ciel avec ma terre.
Je pleure, je souris : c'est un nouveau combat.
J'en trouverai partout des marques populaires :
Terre et ciel sont en vente au bureau de tabac.

*

J'ai dit : « J'entends », est-ce au moyen de cette cloche
Qui s'est brisée contre mon crâne en s'écoutant ?
Musique du cerveau, es-tu lointaine ou proche ?
Silence, ai-je le droit de dire que j'entends ?

J'ai dit : « Je vois », est-ce au moyen de cette image
Qui perce ma prunelle où rien n'est à l'endroit ?
Couleur décolorée, est-ce moi qui t'outrage ?
Aurore, ai-je le droit de dire que je vois ?

Constatez-le, je détruis tout par l'analyse.
Mon extase est sceptique et mon doute est ardent.
Ma poésie, je veux qu'elle soit ma surprise.
Ni tendre ni tendu, je resserre les dents.

Constatez-le, je nie déjà ce que j'affirme.
Ton centre, mon poème, est aux extrémités.
L'ai-je voulu ainsi ? Nous sommes deux infirmes
Qui courent l'un vers l'autre afin de s'éviter.

Une dernière fois, vous me prenez le coude.
Dans la rue je m'assois, je caresse un trottoir :
Je l'avoue, il est doux, qu'il sourie ou qu'il boude.
Je veux vous ressembler, n'est-ce pas mon devoir ?

Une dernière fois, vous m'invitez à rire ;
Le vin que vous m'offrez est le vin le plus nu.
C'est près de vous que j'ai appris à me suffire.
Ma vie n'a pas besoin du moindre contenu.

Des mots ! Je croule sous le poids de mes paroles.
Des mots ! des mots ont pris la place de ma chair.
Des mots ! Lequel de vous est celui qui m'immole,
Mots carnivores dont j'ai fait mon univers ?

Le mot qui court, le mot qui dort, le mot qui plane
Cherchent dans le silence un visage à voler.
J'en possède un qui rampe, et c'est le mot « iguane ».
Tous les mots innocents m'empêchent de parler.

Je dis le mot « azur » : c'est ma sainte révolte.
Je dis le mot « planète », et c'est mon désaccord
Avec moi-même. Oh, que ma rage est désinvolte !
C'est du mot que j'attends l'excuse de mon corps.

Les mots sont capricieux. J'aime le mot « presqu'île » :
Je le prononce, et c'est déjà un animal,
Une fleur, une pierre. Où est mon domicile :
Dans le verbe, la chose ou mon chaos natal ?

Les mots sont des tyrans. Je ne peux plus me taire.
J'écris, j'apprends la poésie par la terreur.
J'écris comme le veut mon seul vocabulaire.
J'écris, j'écris. Les mots sont tous des déserteurs.

Mots redoutés, me direz-vous ce que je pense ?
Pitre ou faussaire, c'est par vous que je survis.
Vous êtes la grandeur de cette déchéance.
Répondez, répondez ! Moi, je n'ai plus d'avis.

Je nais, je dois mourir, mais faut-il que je meure
Avant ma vie, avant ma mort, à chaque pas ?
Mots graves, mots sérieux, vous ne cachez qu'un leurre.
J'ai abusé de vous, je ne me comprends pas.

Je nais, je dois mourir ; en attendant où vais-je,
Moi qui ne peux sortir de mon poème obscur ?
C'est ma prison ; je le prolonge ou je l'abrège :
Entre moi-même et moi il a construit ce mur.

Je me suis retrouvé dans le mot « tramontane » ;
C'est lui qui raccommode un univers brisé.
Je n'écris pas pour l'érudit, pour le profane.
J'écris par vice ! je suis trop civilisé.

Je me suis retrouvé dans le mot « mirabelle » ;
Il mord dans le soleil comme on mord dans un fruit.
Je n'écris pas pour le poète, le rebelle.
J'écris par insolence, et je me sais gratuit.

Je me suis retrouvé dans le mot « bastingage » ;
C'est lui qui me promet le cœur de l'infini.
Je n'écris pas pour le prophète, pour le sage.
J'écris pour me blesser : je veux être puni.

★

Assez de quiproquos ! assez de jongleries !
Je joue avec moi-même : on dirait un oursin
Que lance un homme en pleurs à des enfants qui rient.
Redevenir soi-même est un jeu si malsain !

Je suis mon maître, je deviens mon domestique.
Je suis plusieurs, mais je suis nul et divisé :
Dans ma raison glacée, je n'ai pas d'autre éthique.
Le fortuit, le fortuit, je l'ai divinisé !

Éloigne-toi, ma poésie, lourde bergère !
Un autre te séduit, un autre te déçoit.
Écrire, aimer, ce sont querelles de grammaire.
Nous sommes tous les deux pour que le mythe soit.

Poésie, tu n'es pas la connaissance exacte,
Et tu n'es pas non plus la flamme de l'instinct.
Contente-toi, entre les deux, d'être un entracte
Où tout s'allume, où tout s'éclaire, où tout s'éteint.

Poésie, mon poème est son propre poète
Et son art poétique au mystère épuisé.
Il est son ennemi et son seul interprète.
Il s'aime, il se déteste, il est désabusé.

Chaque merveille a son dégoût : je les ajoute ;
Ainsi vit mon poème ; il faudra le quitter !
La merveille est pour moi une forme du doute.
Le doute dans mon doute est-il ma vérité ?

Je vis puisque je meurs, n'est-ce pas mon époque ?
Les contraires font un, le monde est erroné.
Vivre le paradoxe ? épouser l'équivoque ?
C'est à ce pauvre choix que tu m'as condamné.

★

J'ai dit « pomme » à la pomme ; elle m'a dit « mensonge »,
Et « vautour » au vautour incapable d'un cri.
Mon livre est ton cercueil, comète qui t'allonges.
L'amour n'est plus amour que douze fois récrit.

Ma chair est, elle aussi, un livre à ne pas lire ;
Qui lirait un genou comme on lit l'horizon ?
Je ne veux pas écrire ou vivre, je soupire.
Dans le verbe ma chair trouve sa déraison.

Tout recommence encore. Il ne faut pas conclure.
Ce poème stérile a peut-être ses fruits.
La vie n'est-elle pas dans la seule écriture ?
Je n'existe vraiment que si je me détruis.

La poésie ne parle plus que poésie :
C'est là sa décadence et sa maturité.
Le poète a parlé : c'est là son hérésie.
Il sera brûlé vif, de se croire accepté.

La voie de mon instinct, je ne l'ai pas suivie :
J'ai laissé le hasard me conduire vers moi.
Je joue un rôle secondaire dans ma vie ;
Mon poème est le seul à comprendre pourquoi.

Si je meurs tous les jours, c'est pour rester lucide ;
Mon poème est le seul à comprendre comment.
Puisqu'il est libre, il ne veut pas de mon suicide,
Puisqu'il est libre et que je suis son testament.

ÉCRIT EN MARGE DU POÈME

Jeune homme à la main vide,
je me suis installé en moi-même
sans autre meuble
qu'un crâne de rechange.

★

Être l'aurore
pour honorer l'aurore ;
être l'oiseau
pour admirer l'oiseau ;
être gazon
pour mériter une vie de gazon :
aimer ce fut se perdre
dans ce qu'on aime.
Je fus crinière,
(bonjour, jument !)
je fus pétale,
(bonsoir, coquelicot !)
et ce galet parmi d'autres galets
que les vagues brisèrent.
Métamorphose,
je ne veux plus changer :
j'aime.

109

Amour,
je ne veux plus aimer :
je change.

★

Un demi-perroquet :
il me dit « vent »
mais il pense « vampire ».
Un demi-tournesol :
il me dit « rêve »
mais il pense « révolte ».
Une demi-colline :
elle dit « prends mon or »
mais elle pense « mon ordure ».
Que voulez-vous ? que voulez-vous ?
dans ce monde imparfait
je suis né à demi ;
on ne m'a pas donné le droit
de naître tout à fait.
Un demi-dieu me dit « la vie »,
il pense « la vipère ».
Un demi-mois d'avril me dit « l'épi »,
il pense « l'épitaphe ».

★

Quatorze étoiles sont venues.
Qu'ont-elles dit ? qu'ont-elles dit ?
Puis vingt et un oiseaux.
Qu'ont-ils pondu ? qu'ont-ils pondu ?
Puis deux cent treize fleurs
qui ont laissé
combien de souvenirs ? combien de souvenirs ?
Puis un parfum très seul :
il m'a tout expliqué.

★

Un monde :
il ne veut pas qu'on le mesure.
Une planète :
il ne faut pas l'apprivoiser.
Un horizon :
il bondit dans la brousse
dès qu'on lui tend la main.
Sauvages !
Il fallait vivre sous une autre lune.

★

Pourquoi parler de moi ?
Je suis le luxe
— la chair baroque autour du verbe sec —
d'une impatience
à définir.

★

Cette année-là...
mais on comptait par lunes
décapitées.
Cette année-là...
mais on comptait
par soleils comestibles.

★

Quand j'affichai
cet avis sur mon front :
« Entrée interdite à l'azur »,
il se mit à pleuvoir en moi
une mousson entière
de mots inconsolables.

Je vous ferai des épigrammes sur mesure :
toute une éternité en encre violette !
Je dis « soleil », et le mot brille ;
Je dis « colombe », et le mot vole ;
je dis « pommier », et le mot est en fleur.
Chose de plume, chose écrite
est plus vraie que la chose la plus vraie.
Je me moque de vous :
je vous ferai des épitaphes sur mesure.

★

Monsieur Personne
(c'est moi) enterre
Monsieur Néant (c'est moi)
sans lever son chapeau,
sans jeter sur sa tombe
un seul glaïeul.
Monsieur Personne
(c'est moi, me survivant),
veuf de mon corps,
orphelin de mon souffle,
s'en va, le mépris sur la lèvre
comme un mégot mouillé.
Monsieur Personne
effacera les villes,
s'enivrera de vieux royaumes
comme de vins mal digérés,
s'inventera une âme...
Monsieur Personne
partagera
la tombe de Monsieur Néant
(ce n'est ni moi ni moi).

On me lisait à chair ouverte ;
sur mes genoux je dessinais
des pays migrateurs,
puis je prenais le frais sous mes paupières.
Le chant de mon aorte
était le chant de la cascade.
Au réveil, je criais : « Traduisez-moi ! »
Or, ma patrie était le tatouage.
Tout cela se passait
au temps des siècles falsifiés.

★

Parties mes lèvres,
qui voulaient se poser
sur tant de lèvres.
Partis mes yeux
pour voir ce qu'on ne peut pas voir.
Parti mon front :
il voulait tant penser,
tant repenser.
Partie ma nuque,
prête à porter la terre,
prête à porter la terre avec le ciel.
Tous partis ! tous partis !
Te voilà seul, squelette,
avec un bout de foie sur le côté
comme une montre moribonde,
et cette dent en or qui nargue le soleil.
Ils ne reviendront plus.
Mieux vaut te transformer en arbre ;
tu trouveras
quelque vautour aveugle
pour habiter ton crâne.
Et tu seras moins seul.

Si la girafe
donne le mal de mer aux herbes de la brousse ;
si la cascade
distribue ses poissons comme un duc ses ducats ;
si la couleuvre
vomit un soleil vert chaque fois qu'on murmure
son nom glacé,
c'est que les mots sont des espions, c'est que le verbe
n'est plus qu'un traître,
c'est que dans l'univers l'ingérence de l'homme
est hérésie.

*

Toi qui as tout gâté,
toi qui as tout détruit,
c'est un honneur d'être le vent,
c'est un bonheur d'être la pierre.
Cet arbre va guérir,
ce cheval que tu as condamné à se taire
va dire ce qu'il pense,
et la cascade reprendra son vrai visage,
et le ciel reprendra son altitude.
C'est une gloire
d'être la boue ;
c'est un couronnement
d'être l'oubli
d'un scarabée qui se ronge les ailes.
Regarde, ils sont meilleurs que tu n'étais :
animaux, crépuscules,
silex, myosotis,
eux tous élèvent
à l'homme un monument,
sans y graver la moindre injure.

Puis on m'a dit :
« Monsieur, vous vous trompez de siècle. »
J'en ai cherché un autre.
Puis on m'a dit :
« Monsieur, vous vous trompez de vie. »
J'en ai cherché une autre.
Trois fois par jour, j'accomplis le voyage
du passé à l'oubli,
de la mort à la mort.
Me tromper, me tromper,
c'est là ma seule joie.

★

La joie la joie
tout un soleil au cou
tout un refrain de fleuve et de prairie
merci merci d'avoir vécu
merci merci d'être vivant
le vieux village en laisse
et le tilleul celui qui danse
et le trottoir
celui qui rit comme un accordéon
et la grand-route
qui mobilise les étoiles
et l'épagneul
cette rosée entre les yeux
et le toucan
cette île dans le bec
la joie d'être soi-même et de le regretter
la joie comme un gâteau d'anniversaire
et la douleur est tout au fond
comme le frac si neuf de nos vingt ans
comme le frac un peu troué de nos trente ans
une petite joie si triste

Tout n'est qu'ulcère.
Coupez, coupez ma tête
pour corriger mon rire.
Crevez, crevez mes yeux :
mon regard en sera plus pur.
Ô bistouri,
invite mon squelette à danser.
Et toi, aiguille,
couds-moi comme un sac de légumes.
Du sang, du sang :
dix gouttes pour parler,
cent gouttes pour se taire.
Le prix de l'écriture est un cancer du foie.
Hémorragie de la raison !
Conduisez la planète à l'hôpital !
Amputez-nous d'un siècle !
Mettez de la strychnine dans les livres :
danger de mort pour ceux qui touchent
la chair des fables.
Tous à la morgue,
c'est notre seule église !

★

Je vis pour adorer
un ou deux mots
imprononcés,
imprononçables :
ceux qu'on devine
une heure avant le jour
dans l'œil de l'antilope
qui lentement s'étire
entre deux arbres somnolents.

★

Table, dis-tu ?
Avant de l'accepter,
je veux savoir ce qu'est son acajou ;
avant son acajou,
son paysage ;
avant son paysage,
les deux yeux qui le guettent ;
avant les yeux,
ce qui les autorise
d'être des yeux.
Table, dis-tu ?
Détruis-la, pour qu'absente
je veuille en faire
une vraie table ;
à l'origine elle était soie,
grenouille, verbe
ou musique très douce.
Pour la comprendre,
je vis en table,
je suis la table.
Ô esclavage de l'objet
ressuscité dans l'homme !

Paris, 1955-1956.

Deuxième testament

(1959)

À José-André Lacour
et Jean Mogin,
amis de vingt ans

Pur, à force d'avoir purgé tous les dégoûts.

TRISTAN CORBIÈRE :
Gens de mer.

La poésie... cette exactitude invisible.

ROGER CAILLOIS :
Art poétique.

Le signe serait le prolongement de notre chair. Un nouveau membre.

ROBERT MALLET :
Les Signes de l'addition.

C'est le pseudonyme de la conscience universelle, un être perdu dans la concentration.

NOGUCHI YONEJIRO :
Le bonze en méditation.

Un Dieu naît. D'autres meurent. La vérité n'est ni venue ni partie : l'Erreur seule a changé.

FERNANDO PESSOA :
Noël.

DEUXIÈME TESTAMENT

Je suis en appétit ; servez-moi l'univers.
Cette comète, à pleines dents je la déchire.
J'embrasse un continent ; je le donne à mes vers,
Car c'est en vous, mes vers, qu'il viendra se relire.

J'ai soif ; apportez-moi ce fleuve obéissant
Comme un basset. Ma fable, il faut être plus ivre !
Je bois à ma santé ce verre de mon sang,
Car c'est à toi, mon sang, que je dicte mon livre.

Au fond de moi s'est installé mon horizon ;
Il se délasse, il songe ; envoyez-lui des îles.
Par le verbe l'espace échappe à sa prison,
Et la rose a le droit de se croire un reptile.

Le volcan se libère ; il cherche mes genoux.
Entre mes yeux plantez le troène sauvage !
Ma montagne, mon arbre, est-il rien de plus doux
Que ma prunelle où se refont les paysages ?

Il accourt, l'océan. Le simoun est en fleur.
Je conduis dans les prés le troupeau de mes lunes.
Il tourne autour de moi, mon ami l'équateur :
Il sait que dans mon verbe est sa bonne fortune.

Ne cherchez pas ; votre patrie est sur mon front ;
Minaret de cristal, hippocampe, heure triste,
Vous ne seriez sans moi que des mots, des jurons.
Vous me servez de preuve : est-il vrai que j'existe ?

Chose naissante, en moi tu viendras t'inventer ;
Je vivrai de ton leurre, et toi de mon vertige.
Si tu n'as pas de nom, je t'appelle « beauté ».
Que suis-je pour moi-même ? un mot qui me corrige.

*

J'ai des rails sur le front, pour quel train haletant ?
La valse parle de suicide à mon oreille.
L'œil a coulé sur mes genoux ; l'orbite attend
Quelque vipère. Elle est putride, la merveille.

Sur ma nuque déjà se promène un vautour.
Ma clavicule tinte au gré de la tempête.
Mon cœur, ce caoutchouc, travaille par amour
Et ne sait pas que dans l'égout sa place est prête.

Mon ventre a disparu sous les chauves-souris.
Je pars, je viens, je cours sur mes propres entrailles.
Vertèbres, levez-vous ! je tiendrai ce pari :
Vous donnerez demain les plus riches semailles.

Je léguerai ma fable à ce frêle mouton ;
Nous resterons vivants pour accomplir l'échange ;
Je suis couvert de laine ; écrit-il à tâtons ?
Le monde n'est réel que si je le dérange.

Je léguerai mon souffle au chêne fatigué,
Pour qu'il puisse, le soir, monter sur la colline
Et me nommer, face à la mer, son délégué
Auprès des chênes morts et des fleurs clandestines.

Je n'ai qu'un seul honneur : m'être enfin compromis.
J'ignore l'espérance : elle est un faux remède
Pour qui voit dans le mot mille mots ennemis.
Belle fable, pour moi qui t'écris, tu es laide !

Je n'ai qu'un seul désir : être enfin méprisé.
Bientôt viendra le pur instant de mon délire.
Le poète vit-il d'enchantements rusés ?
Il ne connaît qu'un droit divin : se contredire.

J'ai fait mon examen dans la lucidité.
Je ne peux rien pour moi, qu'on m'accepte ou m'exile.
Même la peur me rafraîchit, un jour d'été.
Au désespoir succède un désespoir tranquille.

★

Et maintenant, ils sont tous là, ces vieux bateaux
Qui voyagent sur place — alerte, capitaines ! —,
Les marchands de rosée qui se lèvent trop tôt,
La bien-aimée sans nom qui s'est ouvert les veines,

Le fleuve corrosif, le royaume sans roi,
Le poète au fusil qui déclare à ses hommes :
« Achevons les blessés ; les saint-bernards ont froid,
Nous devons les nourrir ; il faut être économe »,

Le peintre poursuivi par un arbre amical,
Le proverbe inconnu qui dort dans son lexique,
L'enfant qui dit : « Cet équateur me veut du mal »,
Le sous-marin coulé par la douce musique,

La chair privée d'amour, l'amour privé de chair,
La foule qui proteste : « Où sont nos colonies ? »,

La girafe étonnée qui va seule au concert,
Le mot trop maladroit qu'un poète renie,

La lucarne sans jour ouverte sur l'exil,
Le sourd-muet qui décapite un flamant rose,
Les tournesols dans leur retraite — où iront-ils ? —
Il n'est de grande foi qu'en la métamorphose ;

Tout est là maintenant : les souvenirs truqués,
Les remords manuscrits, les amours en attente.
Massacre ou mascarade, allons nous expliquer !
Je ne supporte pas d'être moi : je m'invente !

★

Malheur, tendre malheur, je me crois écrivain.
Je suis fier de nommer l'azur, de le traduire.
Ma chair trop rédigée veut être chair, en vain.
Mon soleil romancé ne pourra jamais luire.

Drame, drame si doux : je mets la rose en vers.
Je dompte l'antilope ; elle est trop mal écrite.
Rose noyée dans l'encre, antilope à l'envers,
Vivre est pour moi chercher une image insolite.

Crime, crime sans nom, je deviens trop abstrait.
Je suis ? je ne suis pas ? Mon rêve s'évertue
À prolonger l'absurde, à se moquer du vrai.
Pour qui mes vérités se sont-elles battues ?

Ma parole est malade et mon verbe est usé.
Je sais que l'écureuil s'appelle « jeu d'écume ».
Le mot qui vit n'est pas le mot que vous lisez.
Mon nom le plus réel sera mon nom posthume.

Ma parole se meurt ; à quoi bon la sauver ?
Je sais que le caillou s'appelle « chrysanthème ».
Le poète est un saint qui se veut dépravé.
C'est moi le démagogue, en lutte avec moi-même.

Ma parole va mieux, ma parole revit ;
Est-ce pour tenir tête à mes fausses pensées ?
Langage, écarte-moi sans prendre mon avis.
Je sais que la fourmi s'appelle « fiancée ».

★

Mon instinct raisonneur doit se débarrasser
De moi, de mes remords. Que fais-tu, libellule ?
La cascade est éclose et l'arbre va danser.
Je ne puis être moi qu'à l'état somnambule.

Printemps, je m'abandonne à ton bonheur chétif.
Les ailes du lilas sans cesse me taquinent.
Dans mon azur, les canaris sont des canifs.
Sur chaque paume naît une fleur sous-marine.

Pourquoi leur résister ? J'aime le carnaval.
L'illusoire est réel. J'ouvre ce télégramme.
Il me prévient d'une visite : un vieux cheval
A choisi de mourir dans mon poème en flammes.

Je soigne la mouette épuisée par son vol.
Au bord de mon étang les cerisiers galopent.
La lune pensionnée, qui loge à l'entresol,
Me demande en riant : « Serais-tu misanthrope ? »

Cette guitare comme un tigre est à l'affût.
L'orchidée rit sur le divan. La pluie murmure
Des mots désabusés : « L'art est dans le refus. »
Le soleil lui répond : « L'art est dans l'imposture. »

Chaque meuble prépare un poème secret.
La serrure me dit : « Je cache un quadrupède. »
La porte défoncée retourne à sa forêt.
Dormez, platanes migrateurs que je possède !

*

Excusez mon bon sens par ce monde insensé ;
Je vis d'un vice : on le surnomme « poésie ».
J'en suis irresponsable et ne fais que passer.
Cette existence en vers, je ne l'ai pas choisie.

J'entre en moi, me retourne et me vois au-dehors.
Je rêvais d'un grand livre, et c'est mon épitaphe !
À parler de torture, on trouve le confort ;
Je parais si déçu que le néant s'esclaffe.

Je voudrais devenir mon ami, de nouveau.
Je m'invite chez moi : le privilège est rare.
Moi face à moi, nous devenons ces grands rivaux
Qu'à jamais la raison irraisonnée sépare.

Chaque jour je m'obstine à me redéfinir
Et je redéfinis le monde. Je m'oppose
Aux moindres vérités ! Nous sommes leurs martyrs.
La chose n'est jamais qu'un prénom de la chose.

ÎLE

J'étais un pain levé trop tôt :
    folle farine !
J'étais le plus jeune bateau
    sur la colline.
J'étais, comète des comètes,
    un astre en pleurs.
Je suis chatte aujourd'hui : c'est fête.
    Farine sage,
    bateau vainqueur,
    astre content,
je deviendrai le paysage
qui bondira sur l'océan,
changé en île
    selon l'idée
d'un poète indocile,
    en île suicidée.

LUNE

Toutes mes lunes
sont en carton ;
j'en déteste une :
comme un mouton
elle a brouté
ma chanson verte
de volupté,
puis s'est offerte
à ma rancune.
Verbe ! luttons !
je tue mes lunes,
homme en carton.

SOLEIL

Un vieux soleil médite
sur ma paume ; il s'assoit.
C'est un astre hypocrite ;
il me dicte sa loi.
On me coupe la tête,
et le soleil en sort :
on dirait une bête
qui annonce la mort.
On me fend la poitrine,
et le soleil accourt
pour vivre de rapine
et voler mes contours.
Soleil, où que tu ailles,
tu verras mon mépris.
Le soleil bâille, bâille
et mon squelette frit.

Cours, cours saisir un nez.
Cours, cours mordre une épaule,
cueillir un œil cerné.
Cours, il faut que tu frôles
un visage, un menton.
Cours, cours, vent du dimanche,
rassembler les moutons
comme des pages blanches.
Tu as pris mes bras nus,
mes jambes qui t'enlacent,
et tu les as perdus.
Garde au moins mes grimaces.

Je le saisis d'un doigt :
il brûle mes deux paumes.
Je le mets à l'étroit
dans mes yeux, ce fantôme :
il va me les crever,
c'est un tigre farouche.
Je lui parle en privé :
il m'arrache la bouche.
Je m'installe en sa peau :
il a mille pelages,
car à chaque propos
du poète ou du sage,
il se change en bison,
en chienne, en salamandre,
en colombe ! Horizon,
je renonce à comprendre.

Arrêtez-vous, les mouches !
Dans la douleur
chaque souris accouche
d'une montagne en fleurs :
ses bouvreuils sont candis,
elle a quinze comètes,
une lune à crédit,
une lune au comptant ;
elle est honnête,
elle fait le printemps...
Arrêtez-vous, les mouches !
Dans la douceur
chaque montagne accouche
d'une souris en fleurs.

La mer écrit un poisson bleu,
   efface un poisson gris.
La mer écrit un croiseur qui prend feu,
   efface un croiseur mal écrit.
Poète plus que les poètes,
   musicienne plus que les musiciennes,
elle est mon interprète,
   la mer ancienne,
la mer future,
   porteuse de pétales,
porteuse de fourrure.
   Elle s'installe
au fond de moi : la mer écrit un soleil vert,
   efface un soleil mauve.
La mer écrit un soleil entrouvert
   sur mille requins qui se sauvent.

Ci-gît l'arbre géant
qui volait mes nageoires.
Ci-gît un océan
que je prétendais boire.
Dès qu'approche midi,
j'ai mal à mon squelette ;
il me quitte, médit
de ma fable et me jette
un mauvais sort. Je crains
qu'à leur tour ne s'en aillent
mes doigts, mes yeux, mes reins.
Alors les funérailles
de mon verbe qui ment
se feraient dans le vide :
sans fleurs ni testament,
ni le moindre suicide.
Mon squelette revient
dans sa peau familière,
fidèle comme un chien.
Midi, mon cimetière !

Mes femmes sont heureuses
   comme des figues.
Toute la ville intrigue
   pour leurs muqueuses.
Pourquoi pars-tu, pommier voleur ?
   Une grenouille a peur
dans l'œil de mon étoile.
   Les figues se dévoilent :
ce sont des femmes ; leurs muqueuses capitulent.
   Pourquoi me reviens-tu, pommier voleur ?
L'étoile a peur
   dans l'œil de la grenouille.
Je dois vous réparer, femmes irréparables.
   Est-ce moi qui vous souille ?
est-ce ma fable
   où tout n'est que dégoût ?
Comme un oiseau, minuit me gratte,
me saute au cou :
quatre cents clavicules,
   quatre mille omoplates.

Clair ! clair ! mon crâne grince.
  L'anguille en sort
pour se choisir un prince.
  Très clair ! très clair ! mes deux genoux sont morts,
bombes jetées sur la grand-place.
  Trop clair ! trop clair ! Dieu n'est qu'une limace
qui mouille les châtaignes.
  Mes cendres saignent.

PLUIE

S'il pleuvait des gondoles,
   je serais gondolier.
S'il pleuvait des mains folles,
   j'en ferais un collier.
S'il pleuvait des presqu'îles,
   je leur conseillerais
d'élire domicile
   dans mon livre secret.
S'il pleuvait des girafes,
   je dirais : « Équateur,
va changer d'orthographe
   pour leur offrir des fleurs ! »
S'il pleuvait, ciel verbal,
   ma chanson serait fraîche,
et tout neuf mon cheval.
   Je vis de larmes sèches.

ARBRE

Tu es plus souple que le zèbre.
Tu sautes mieux que l'équateur.
Sous ton écorce les vertèbres
font un concert d'oiseaux moqueurs.
J'avertirai tous les poètes :
il ne faut pas toucher aux fruits ;
c'est là que dorment les comètes,
et l'océan s'y reconstruit.
Tu es léger comme un tropique.
Tu es plus sage qu'un poisson.
Dans chaque feuille une réplique
est réservée pour ma chanson.
Dès qu'on t'adresse la parole,
autour de toi s'élève un mur.
Tu bats des branches, tu t'envoles :
c'est toi qui puniras l'azur.

Moi, je suis le principe.
La brebis doit mourir.
Que la fleur s'émancipe
et tue sans repentir !
Moi, je vous civilise.
L'enfant suit la brebis.
Un loup dans une église ?
je vous sers d'alibi.
Moi, je suis votre élite
et je vis de profil.
Ma loi n'est pas écrite ;
je vous mets en péril.
Si j'étais apocryphe...
Le loup retient ses cris,
le loup rentre ses griffes :
principe du mépris.

SABLE

Au lieu d'une cigogne, un mille-pattes.
Au lieu d'une montagne, un bateau mort.
Au lieu d'une île, un chapeau d'acrobate.
Au fond du cœur, un vieux puma qui dort.
Dans chaque fable, un fleuve qu'on torture.
Buisson, buisson, tu ne m'as rien appris.
Toucans, toucans, vous êtes mes ratures ;
préférez-vous devenir des souris ?
Image, tu t'en vas ; j'étais un hôte
trop innocent pour tes joyeux péchés.
Je reste solitaire : est-ce la faute
au grain de sable ? il n'a rien empêché.

La comète est blessée. Coton. Coton.
L'arbre est dans le coma. Coton. Bandage.
Le ciel se meurt. Pourquoi l'opère-t-on ?
L'épidémie se guérit par l'image.
Prévenez les parents, les vieux amis.
Bandage. La piqûre est-elle prête ?
Qu'ils entrent : l'ours, le pommier, la fourmi,
l'équateur, le vautour à quatre têtes.
L'océan chauve a quitté l'hôpital.
Il faudra l'amputer de plusieurs îles.
Coton. Le verbe lui sera fatal.
Convalescence. Il neige sur la ville.

Viens habiter ma peau. N'apporte
que ta moiteur, un jeu de dés,
l'étoile à pendre sur la porte,
ton sang, le soleil démodé.
J'aurai l'accord de ce concierge
qui se méfie de moi : mon cœur.
Pour que ta chair devienne vierge,
il faut mêler nos impudeurs.
Voici le bail : tu dois renaître.
On ne demande aucun impôt,
mais si mon corps aux cent fenêtres
te plaît, viens habiter ma peau.
Installe-toi, ma locataire.
Je déménage ; c'est le sort
de ceux qui vivent solitaires :
même leur peau les met dehors.

FEMME

L'orchidée se suicide entre tes doigts.
L'océan meurt de te lécher les hanches.
Pourquoi séquestres-tu, au fond de toi,
mon squelette habillé d'abeilles blanches ?
Tu vends mon équateur comme un collier
de fruits pourris. Je suis un coquillage
pendu sur ton sein droit. Quels écoliers
choisiras-tu pour tes leçons d'outrage ?
Tes mots sont lourds, ils sont gavés de sang.
Ta fable est illettrée. Prends ta cravache,
et venge-toi de mon verbe impuissant.
Femme, en ta chair, c'est sur moi que je crache.

OISEAU

Tu n'es que la virgule
d'une phrase en plein ciel.
N'est-il pas ridicule,
ce monde artificiel :
le palmier pourvu d'ailes,
le désert éloquent,
la cascade qui bêle,
le tigre fait volcan ?
Richesse est pénurie !
Les lunes bien en chair
sont toujours mal nourries.
Tu rentres dans mes vers
où tu es née, virgule
devenue l'aigle fou
qui circule et circule
et s'abat sur mon cou.

Une écaille en papier : j'écris dessus
    le mot « requin » ; puis une en bois
pour que tu sois reçu
    par les bateaux ; puis une en sucre, et c'est pourquoi
tu t'es dissous ; puis une en fonte :
    c'est pour mieux te noyer ; je te remonte,
poisson-réveil ; puis je t'aiguise,
    poisson-poignard qui m'assassines par surprise ;
je t'enverrai dans les nuages,
    poisson volant, poisson volage,
poisson-lune paré pour les fêtes célestes.
    Géant mais nain,
.reste, il faut que tu restes,
    mon poisson féminin.

NUAGE

Qui vient m'offrir douze juments
comme un bouquet de giroflées ?
Pourquoi la neige, en mal d'amant,
me poursuit-elle inconsolée
sans revenir au ciel natal ?
Comment sais-tu, sœur de tigresse,
qu'une île, un soir de carnaval,
s'est suicidée sous mes caresses ?
Qui construira les folles tours
où dormiront mes trois cents fables ?
Mon océan crie « au secours »
car il n'est plus insaisissable.
Le mot serait un colibri,
le verbe un simple mammifère ?
Je me résume en ces débris.
Je ne suis rien. Légende amère.

★

Je voudrais tant que le pommier fût un pommier,
Que le mot de « colline » embrassât la colline.
Est-il possible, objets déçus, que vous m'aimiez ?
Je vous tue chaque jour par mon indiscipline.

Achevez-moi ! je suis mon propre guet-apens.
À quoi bon saluer l'impur miracle d'être ?
Mon langage salit mon poème rampant.
Ma mémoire troublée se cherche un nouveau maître.

Ni vivant ni cadavre, est-ce là mon état ?
Je vis dans l'équivoque ; univers, je t'offense !
C'est contre moi que je commets ces attentats.
Je ne peux même plus me réduire au silence.

Que veut dire exister ? je suis sans être moi.
J'ai confondu l'exil, l'existence et l'extase.
Être soi-même est aggraver son désarroi.
Vivre devient vivre sans vie parmi les phrases.

★

Ô planète ma sœur, nous avons rétréci :
Je ne suis qu'un insecte et tu n'es qu'une orange
Qui pourrit au soleil. Allons-nous-en d'ici !
Un jour nous trouverons l'univers de rechange.

Nous avons trop vécu, nous avons trop appris.
Acceptons la rigueur : il faut tout désapprendre.
Assassinés, les mots dont nous étions épris !
Quel exercice vain : renaître de nos cendres !

Nous avons trop bâti, nous avons trop pensé.
Les murs de mon cerveau resteront sans défense.
Simulacres, calculs, pesanteur du passé :
La pire guillotine est dans la connaissance.

Allons par le néant comme de vieux époux :
Toi blette jusqu'au cœur, moi fidèle moustique
Qui te chante sa rage ; on se moque de nous ?
Polichinelle, ai-je besoin d'une mystique ?

149

Faut-il que le galet se transforme en galet,
Que la guitare enfin devienne la guitare ?
Vérité qui trahis ! je dirige un ballet
De mensonges sacrés, de poèmes barbares.

Si la neige était neige, elle mourrait de froid ;
Elle brûle en ces mots ; sans cesse je dérègle
L'horloge du réel. Je réfute mes lois.
Un arbre est plus heureux s'il vole comme un aigle.

★

Le chimiste me dit : « L'or pur n'est plus de l'or,
Mais un fleuve endormi qui soudain se réveille » ;
Le savant : « Cette pomme écrasée sans effort
Se relève, s'avance et rejoint les abeilles » ;

L'armateur : « Je ramène au fond du paquebot
Le ciel dans le coma, poignardé par l'orage » ;
La danseuse éplorée : « Mes seins deviendraient beaux
Si les statues du roi mouraient sur mon passage » ;

Le gardien dans le parc : « Le peuplier m'écrit
Depuis trente-cinq ans des lettres de menaces » ;
Le géographe honteux : « Des îles sans abri
Errent dans les faubourgs : trouvons-leur une place » ;

L'astrologue : « Mon astre a perdu son pouvoir ;
Il va de port en port, vulgaire comme un mousse ;
L'espace est en congé, c'est pourquoi l'on peut voir
Sur les toits de la ville une lune qui tousse » ;

Le courtier : « Dans ma banque un cheval s'est pendu ;
Il me lisait des vers le jour de la faillite » ;
Le chirurgien : « L'enfant que l'étoile a mordu,
Aura des yeux de météore ; il le mérite. »

Jouons à dépérir, jouons à n'être plus.
Je me venge de nous : tu n'es que ma poupée.
Tu te venges de moi ; nous nous sommes déplu.
De quel dénigrement renaît notre épopée ?

Il faut croire, il faut croire, ô planète ma sœur,
Dans ce caillou, dans ce crachat, dans cette ortie.
Je m'impose une foi, malgré mes airs vengeurs ;
Tout est rancune, et par la foi je me châtie.

Je crois en toi, planète où tout est rabougri,
Comme je crois en moi, poète aux sacrilèges.
Je crois, je crois sans croire, à travers les débris
De mon être défait que le doute protège.

Quelle idole choisir ? Car j'ose décider :
Nous deviendrons divins ; planète, quelle envie
De nous croire immortels ! Si nous perdions aux dés
Ce que nous n'avons plus : le désir d'être en vie ?

Le dé choisit pour nous. C'est un œil de bison
Qu'il faudra vénérer. Ô ma sœur, je m'entête !
Elle aura toujours tort, notre sotte raison.
Je dis qu'il est sacré, cet œil. Vile conquête !

Je me veux un prophète, ô moi le mécréant.
Qu'on me donne le verbe, et je le crucifie
Comme un lézard. Vieux mythe, est-ce en te recréant
Qu'enfin je me recrée ? Plates philosophies !

Ô moi le corrupteur, je me veux un martyr.
Je suis celui qui se déteste et qui se quitte.
Ma sainteté ne parvient pas à m'éblouir.
Je cède ; je me brise à briser mes limites.

Je fuis le naturel et je crains le salut.
Je vis de m'insulter, ô ma sœur la planète !
Je connais ma grandeur : n'avoir rien résolu.
Je suis naïf et doux ; ma rage le répète.

Je crois ! je crois ! j'attends la foi bon gré mal gré.
Planète, œil de bison, faut-il que je vous troque
Contre une idole vermoulue ? Me dénigrer
M'aide à sortir de moi, car en moi je suffoque.

*

Pardon, Seigneur, je ne veux pas de ton secours,
Et je t'offre le mien. C'est moi, ton meilleur garde.
Je te prépare un coin dans cette basse-cour,
Et pour l'hiver un paillasson dans la mansarde.

Pardon, Seigneur, si tu n'es plus un concurrent.
Je veux te tolérer ; remplis ton escarcelle,
Installe-toi. Nous n'avons pas le même rang ;
Tu peux te rendre utile à flatter mes gazelles.

Nous irons le dimanche au cœur de la forêt ;
Il m'arrive d'abattre une étoile gourmande ;
Tu la rapporteras : tu es mon chien d'arrêt.
Pardon, Seigneur, pardon, mais c'est moi qui commande.

*

Je m'inflige une loi : respecter le chaos,
Ne jamais adorer que mon propre désordre,
Devenir dans l'effroi de moi-même un héros
Qui prend son siècle par le cou pour mieux le tordre.

Je bénis ces malheurs : ma chair cousue de mots,
Mon poème goutteux, mon verbe fait de graisse,

Ma parole et mon corps trop bourgeois, trop normaux,
Mon sang plein d'adjectifs et de noms qui se pressent.

Acerbe et fanfaron, comme un volcan je bous,
Par mépris de ma race et mépris de moi-même.
Peut-on refaire un monde en prêchant le dégoût ?
Le poète n'est plus que le pou du poème.

★

Vous me croyez sceptique, et je suis tout ardeur.
Qu'il est beau l'univers, si je m'en débarrasse !
Je n'aime pas le vrai car il est plus menteur
Que l'incertain ; je veux rester dans mon impasse.

Vous me croyez pervers, et je suis ingénu.
Ma nourriture est dans l'image et les contrastes.
Pourquoi choisir le connaissable ou le connu ?
Ne point se reconnaître, est-il rien de plus faste !

Disparaissez, pour être purs en mon esprit !
Je t'aime, humanité, car je te sais perdue.
Tu peux mourir en paix. Je te crée, je t'écris ;
Mon poème est le seul qui t'aura défendue.

★

Je m'impose un destin : dernier homme, ou premier...
Fin du monde, bonjour ! pour moi, tu es l'aurore.
Mémoire, je t'invente ! Épaule de pommier,
Habille-toi ! J'écris, je pense, j'élabore.

Je m'ordonne de naître : à moi de disposer
Le ciel ici, l'océan là. Comme un élève,
Je m'obéis ; mes univers seront osés.
La lune à l'échafaud ! D'autres lunes se lèvent.

153

Plus que dieu, je fabrique des dieux arlequins.
Au bord de chaque étang j'installe mes comètes.
Qui de l'homme ou de dieu rend l'univers mesquin ?
Chanson désabusée, par toi je me rachète.

Le monde recommence au fond d'un mot banal.
Sur le vent ma syllabe établit sa colline.
Je dis une consonne : ainsi naît le cheval.
Je dis une voyelle, et c'est mon origine.

Tu ne rachètes rien, mon verbe décadent.
Je ne suis pas le premier homme, et je m'applique
À me dire quelqu'un. Sois plus indépendant,
Poème, quitte-moi. Mortes sont nos musiques.

★

Faisons l'amour. Nos deux cerveaux seront genoux.
Femme, ouvre-toi, que je m'accroche à ton squelette.
Mêlons nos chairs. Si mes poèmes sont jaloux,
Égorgeons-les ; ce n'est pas moi qui les regrette.

Je suis en toi ; le ciel en sang vient nous lécher.
Dans ta peau je prendrai mes plus belles vacances.
Faisons l'amour ; c'est par amour qu'il faut tricher.
Femme, referme-toi : tu me sers de potence.

Ne parle pas d'aimer ; ton ventre, je le mords.
Mon poème trop plein, c'est en toi qu'il se vide.
Moite femelle, en toi j'apprends que je suis mort,
Épanoui comme un volcan qui se suicide.

Faisons l'amour ; salive, il faut nous irriter.
Prends ces mille fourmis sur le bout de ma langue.
Chaque pore est un œil, suprême cécité.
Coulons-nous l'un dans l'autre ; aimons-nous, chairs ex-
    sangues !

Toujours grincheux, toujours bourru, je prends congé.
Mystère, à moi ! je me punis d'être lucide.
N'importe quel iguane a le droit de juger
Cette chanson. Tous mes poèmes sont acides.

Vous préférez que je m'explique ? On me surprend
Revolver à la main : je tue ma fable aimée,
Ma légende stérile et mon poème errant ;
Mes plus beaux alphabets s'en iront en fumée.

Toujours aigri, toujours traqué, je jette un gant
À la figure du soleil. Trop de lessives
Ont blanchi mes refrains ! Je suis un intrigant.
Détestez-moi car la tendresse est abusive.

Vous exigez des sauts mortels ? Je suis trop las.
Dans mon cirque j'avais des syllabes savantes ;
Elles m'ont appelé « cadavre de gala »...
Mon épopée n'est qu'un spectacle d'épouvante.

Toujours battu, toujours muré, quelle prison
Je porte sur moi-même ! Êtes-vous prêts, mes tigres ?
Les fleurs à me connaître ont perdu la raison.
Folles fleurs qui saignez, c'est chez vous que j'émigre.

★

Danse mon sang ! Je m'abandonne à toi ; je ris ;
J'enterre ma pensée ; mon corps, je le détrousse.
Mon océan s'éveille, et le temps du mépris
Devient le temps d'aimer. Mes planètes repoussent.

Danse mon sang ! Mon île fume. S'il neigeait
Dans le brouillard, au loin, de pâles goélettes ?
Je ramène l'objet dans la peau de l'objet.
Je suis heureux, si mes proverbes le permettent.

Danse mon sang ! Quelle fringale d'exister !
Tambour, chaufferas-tu mes plus froides paroles ?
Le tango m'a promis combien d'identités !
Saxophone, allons voir si les serpents s'envolent !

Ô mon sang musical, je vis éclaboussé
De rythmes voyageurs et d'orangers en flammes !
Multiplie-moi ; je dois enfin me surpasser.
Sang de glace, un poème est toujours polygame.

*

Je dis « je » par pudeur, mais c'est « vous », mais c'est « eux »
Qu'il faudrait dire, ô ma grammaire mal apprise.
Je suis toi, je suis nous : marchandage douteux !
Je cesse d'exister dès que je m'analyse.

Je ne reconnais pas le vrai, je suis le vrai.
Je ne reconnais pas le beau car je le souille.
Je dis « nous », je dis « vous » ; le poète est distrait :
Il raisonne, il regrette, il ressemble à la rouille.

Je dis « je » : c'est le nom d'un mystère indompté.
Je dis une épithète ; elle est mon ennemie.
Nom qui n'as pas de nom, comment te mériter ?
J'ajoute une syllabe au mot : c'est sa momie.

Je dis « je » : c'est la fraise éclatée sur le sol.
Je dis « quand », je dis « quoi ». Verbe, tu me détestes !
Je dis « rose » à ma plume ; elle écrit « rossignol ».
La poésie n'apprend qu'un seul métier : l'inceste.

Je dis « je » pour le ciel, pour la mer. Tout est dit.
Ton nom, chose innommable, est ma seule morale.
Un mot sort de ma chair ; il respire, il verdit :
Ma légende qui naît, tu deviens sidérale !

Dire est diminuer ; parole, tu déçois !
Dans le mot le plus doux sommeille une panthère.
Le poème est un art de penser contre soi.
Mon langage, c'est toi qui tues l'imaginaire !

★

Je passe inaperçu, météore bavard.
Tout est nul ; mon esprit de nouveau se maquille.
Tout est perdu puisque les roses parlent d'art.
L'aurore est ironique et me tend des béquilles.

Le persiflage est mon vrai luxe. Infirmité !
Tu me pleures déjà, mon stupide squelette ?
Je célèbre le vide ; oh ! j'ai tout insulté.
J'allais m'offrir des fins du monde si coquettes...

Mon chêne a le cancer ; mes cieux sont trépanés.
Je me tranche la gorge : elle est chaude, elle est lisse.
Mort, j'ai fait ta besogne, et me suis condamné.
Ce goitre, mon esprit, s'est couvert de varices.

Par ces mots corrompus, je m'entraîne à mourir.
Mon cœur est à louer comme une maison close.
Mon âme sent l'insecte. Ô mort, fais-moi plaisir !
Je me vomis par jeu ; c'est mon apothéose.

Les yeux brûlés, le ventre en plomb, le crâne absent,
Je vis, je meurs, je dure ; un théâtre m'engage
Pour imiter les morts ; je n'ai pas leur accent.
Ce n'est pas moi qui suis défunt, c'est mon langage.

★

Emporte-moi, beau tourbillon ! Discontinu
Est mon discours. Demain, j'achète ce navire.

157

Chapelier, mon képi ! Je pars vers l'inconnu ;
C'est là que l'empereur invente l'oiseau-lyre.

Commissaire-priseur, voulez-vous m'adjuger ?
Maître d'hôtel, apportez-moi cette île blanche
Qui se chauffe au soleil. Je t'invite à manger,
Ô reptile venu de l'enfer, mes dimanches.

J'habite l'improbable ; en lui tout est sacré.
Rien qu'un dogme : le mot ! Délire trop facile !
Mon océan se meurt car il est trop lettré.
L'image apporte la pensée à domicile.

★

Appétit, je voulais digérer l'univers.
C'est lui qui me consomme. Un poète rebelle,
Que laisse-t-il au monde ? une insolence, un vers,
Une image, un vieux corps : ils vont à la poubelle.

Je voulais boire, et c'est le fleuve qui m'a bu.
Mon sang ne suffit plus au repas des merveilles.
J'ai manqué de grandeur : je n'aime que l'abus.
Mes lendemains, je les enterre avec mes veilles.

Équateurs, horizons ? je voulais ordonner
Dans ma fable de feu leurs amours, leurs caprices.
Fini d'intervenir ! fini de les gêner !
Je ne leur offre aucun espoir : qu'ils se subissent !

Je vais céder ma place à des êtres précis :
Des barons, des bouchers, semblables sans nageoires
Qui se contenteront de proses, de récits...
Saltimbanques, menez mon poème à la foire !

Tout ira mieux sans moi, homme d'après-demain.
Je pars. J'ai mis mon océan dans ma valise.
J'ai mon ciel sous la peau, mes arbres dans la main.
Ma vie — pardonnez-moi — n'était qu'une méprise.

Évêques, ramoneurs ! il faut désinfecter
La planète ; sans moi, je sais qu'elle respire.
L'intrus s'éloigne avec ses tristes vérités.
Adieu ! je ne veux pas de moi pour me relire.

Tout rajeunit sans moi. Le doute est dissipé.
Ce testament, je le dépose à la consigne.
Le siècle est vénéneux, les chemins sont coupés...
Sans moi les vieux corbeaux redeviendront des cygnes.

Homme d'après-demain, ce poème indigné,
Je te l'impose. Adieu ! Qu'il meure, qu'il se froisse,
Qu'il vive cent mille ans, tu devras le signer.
Il défendra sans moi l'honneur de mon angoisse.

ÉCRIT EN MARGE DU POÈME

La coccinelle a censuré les livres saints.
L'aigle royal demande :
« Où est la lune ? il faut que je l'égorge. »
On a volé les portes de la ville
et l'équateur, ce paresseux,
n'a pas même aboyé.
L'aurore est en prison pour tout un siècle.
Le plus beau parc apprend à se haïr.

★

J'ai deux métiers :
je découpe des fleurs
— les futures épouses —
dans la peau des étoiles,
et je ramène à leurs parents
les îles filles-mères
qui ont suivi le fleuve, ce voyou.
Le dimanche, parfois, je réchauffe
entre mes draps, je veux dire mes fables,
les rêves
de mes voisins reconnaissants.

163

Pourrons-nous caresser
nos arbres faits barons,
ceux qui gagnent nos guerres :
le cerisier, le saule
et ce buisson nerveux
qu'on appelle « puma » ?

*

Aurore, tes lunettes sont brisées.
Soleil, allonge-toi :
l'on t'opère à midi.
Vieille planète,
je t'offre mon dentier :
tu mordras mieux les muscles de l'azur.
Siècle, pourquoi
voulais-tu naître octogénaire ?

*

Objets,
devenez animaux !
Je l'exige, animaux,
devenez hommes :
il faut enfin vous compromettre !

*

Le peuple assassina les mots
parce qu'ils confondaient
cathédrale et banquise,
arc-en-ciel et zébu,
volubilis et rire de la reine.
Bientôt,

le peuple assassina
le très jeune silence.

★

Le cheval applaudit.
Le gratte-ciel salue les invités
d'une planète grasse et folle.
Dans les tramways, les vieillards rétrécissent
et deviennent crevettes.
On a pendu,
au cou des oliviers,
quelques tableaux
de primitifs espagnols et flamands.
Après la pluie,
les enfants sentent bon
la demi-lune et l'artichaut.
Le cheval, surveillé par sa propre statue,
refuse d'applaudir.

★

Qui me dira
ce que trois mille pangolins
sont venus discuter
au congrès des poètes
tenu cette semaine sous ma peau ?

★

À l'origine était l'insulte...
(et celui qui m'insulte est mon seul dieu)
elle a grossi :
c'est la pomme de pin,
c'est la pierre qui frappe
le voyageur.

À l'origine était l'objet...
une baignoire, un cendrier ;
(je veux qu'ils deviennent mes dieux)
dans la baignoire dort une cigogne,
et dans le cendrier
brûle un foulard de femme.
À l'origine était le brin d'ortie...
un oiseau-mouche s'y frotta ;
(les oiseaux-mouches sont, je crois, mes dieux)
on lui fit ce matin
— cloches en flammes,
mimosas noirs —
de riches funérailles.
À l'origine était une crise cardiaque...
(oh le malaise est mon vrai dieu)
voilà pourquoi le fleuve
marche sur des béquilles,
et la montagne attend à l'hôpital
l'examen de son cœur.
À l'origine étaient
le recommencement,
le doute,
la parodie...
(et, pour ma fête,
ils m'offriront un nouveau dieu).

★

J'ai dit « girafe » :
je dois devenir cette bête,
cou de platane,
archipel sur la peau,
dans ma course un tangage
de goélette qui s'affole.
J'ai dit « volcan » :
je dois m'écarteler,
un œil pour l'équateur,

un bras pour la forêt,
un rire
pour le village enseveli.
J'ai dit « poète » : je dois..
mais je reste girafe,
mais je reste volcan.

★

Quatre forêts de tigres
dévorent la province.
Huit fleuves de vautours
(moitié sans bec, moitié sans ailes)
s'abattent sur les rues du port.
Vingt-trois séismes
à la peau d'orchidée
partagent, tarte aux pommes,
cette planète.
Pourquoi tant de terreurs ?
Parce qu'à la terrasse d'un café
un poète repu
a laissé en pourboire
soixante mots trop libres.

★

En moi, c'est la guerre civile.
Mon oranger n'aime pas mes genoux ;
ma cascade se plaint de mon squelette ;
je dois choisir entre mon cœur
et ma valise où ronfle une île poignardée,
mon manuel d'histoire
et ma tête remplie
de souvenirs pendus.
Verbe à muqueuses !
objet qui te voudrais humain !
En moi, c'est la guerre civile.

Achetez mes soupirs.
Prenez mes doutes.
Je vous donne un cornet de grimaces ?
Quand j'aurai tout vendu,
j'irai renaître loin de moi,
entre une mangue fraîche,
un baiser très félin,
quelques objets sans nom.
Achetez mes espoirs.
Prenez mes certitudes.
Je vous donne un cornet de sourires ?
Je suis le marchand des quatre raisons.

★

L'agent public, c'est moi :
j'expulse l'irréel
(comète, allez-vous-en !).
L'agent secret, c'est moi :
j'égorge le réel
(pauvre monsieur Durand !).
Nous sommes tous des agents doubles
(monsieur Durand hébergeait les comètes).

★

Pourquoi
le chêne est-il absent du chêne ?
Pourquoi
le fleuve n'est-il pas au fond du fleuve ?
Pourquoi
le mur a-t-il quitté le mur ?
Ils sont sortis d'eux-mêmes
pour se comprendre,
pour s'accepter.

Je m'abandonne aussi : je connais le bonheur
en chêne faux,
en fleuve sec,
en mur très mou.

★

Vous soignez mal votre langage :
voilà pourquoi
vos framboisiers produisent des vipères,
vos archipels toussent le sang,
vos collines se brisent
comme des verres à liqueur,
vos soleils sont infirmes
et vont s'asseoir sur des lits défoncés.
Votre langage
vous soigne mal : vous serez morts
dès le premier accès de prose.

★

Je lis sur mon journal :
des houligans ont attaché une comète
à la crinière des pouliches.
Je lis sur mon journal :
l'île adultère a demandé pardon
à l'océan, son vieux mari paralysé.
Je lis sur mon journal :
demain après-midi les tournesols
exigeront de leur ministre
un salaire meilleur.
Je ne lis pas sur mon journal :
dans un moment de jalousie
la prose a tué son poème ;
que fera-t-on des orphelins, les mots ?

★

Couteau,
si par toi-même tu étais couteau,
je serais inutile
et périrais de n'avoir pas à te nommer.
Couteau,
tu ne serais pas un couteau
sans mes yeux qui te lèchent,
sans ma sueur qui te couvre de rouille.
Et moi,
sans ton métal,
sans la lune qu'il griffe,
je ne serais que feuille,
écume fatiguée,
nageoire sous la porte,
quart de nèfle mordue...
Tu te sais toi par nous ;
je me sais moi par moi face à toi-même.
Couteau de chair, homme d'acier :
chacun de nous survit de s'incarner dans l'autre.
Tu m'as forcé de me comprendre :
je saigne !
Tu t'es forcé d'être compris,
mais tu te brises !
Ô coupable rencontre !
Il faut réinventer
le couteau, couteau pur,
l'homme, l'homme tout seul :
jamais ils ne se connaîtront.

Paris, Waltham, New York, 1957-1959.

Danse mon sang
(1959)

À Max Ernst

danse mon sang
l'aorte n'était pas heureuse
danse mon sang
naître était se haïr
être était se nier
danse mon sang
cette chaconne du squelette
et l'œil encore un lac il tremblait de trop voir
et le front cette pierre
et la peau ce papier
écrire était plus simple
que respirer que gâcher cet air frais
inventer était pur inventer était chaud
danse mon sang
on se débarrassait du corps
le poids de trente images mal pensées
d'un tigre tout verbal
d'un objet qu'on prononce
et c'était prononcer sa mort
je vous le dis la guillotine
le principe de peur il libère un oiseau
le principe de peur de lui vient le miracle
danse mon sang
danse métamorphose

l'air frais se faisait fleur
la fleur était un ours de neige
et l'ours tout bleu était un ciel très affamé
et le ciel même était ce grand tableau
ô peintre ô peintre
vas-tu jaunir ce ciel qui est à moi
vas-tu rougir ce corps qui est ton aquarelle
et mon poème s'est caché dans ton pinceau
ô peintre je vivais de ma métamorphose
danse était l'origine
la main est devenue genou
c'était pour repenser la main
la hanche est devenue mâchoire
c'était pour repenser la hanche
je vous le dis la guillotine
pour ramener l'objet dans la peau de l'objet
polka mon fier atome
samba mon doux soleil
qui donc étaient nos partenaires
ô peintre de l'exil qui s'appelle existence
ô peintre du néant qui t'appelles jongleur
si nous dansions mais immobiles
si nous dansions mais graves
épouvantails mangés par les corbeaux
pas de polka
la rage d'exister
la rage d'exister pour rien
pas de samba
l'amour d'un gros suicide
avec un bruit d'aubergine qui craque
l'amour de se noyer au fond d'un mot
l'amour de se tuer au bout d'un vieux poème
où est le livre dangereux
celui des guillotines je l'ai dit
où est la toile dangereuse
ô peintre elle est toujours ta camisole

de force et de faiblesse
la rage de penser
la rage de penser pour rien pour soi
pas de quadrille
mon fier atome
c'est avec toi que j'ai dansé
mon doux soleil
c'est toi qui m'apprenais le pas de deux
un pas pour vivre
un pas pour regretter la vie
et le rire suffit à condamner l'atome
et le rire suffit à tuer le soleil
ô peintre mon ami
fais le portrait de mon atome
fais le portrait de mon soleil
et l'atome proteste
c'est moi qui peins le peintre
il ressemble au lilas vagabond
il ressemble à l'étang renversé
et le soleil proteste
c'est moi qui peins le peintre
avec un peu d'été pervers
avec un peu de nacre aveugle
et le peintre répond
retourne en classe fier atome
viens ici doux soleil
c'est dans ma main que tu seras le vrai soleil
je vous disais la guillotine
ma seule partenaire est ma planète
cet équateur qui lie nos doigts
cet horizon qui pèse sur la nuque
et là cette prunelle où naquit l'océan
et là cette omoplate où s'éveilla le saule
ma seule partenaire est ma planète
danse mon sang
étrangère lactée

venue de l'altitude
et sa patrie est le vertige
et son royaume est la syncope
jazz de la démesure
temps du temps mal cueilli
éclipse qui aboie
comme un chien de faïence
dès qu'on veut le toucher
mange une étoile elle est sucrée ô saxophone
goûte à la lune rafraîchie
planète ô tendre partenaire
voici mon violon
c'est le meilleur des séquoias
voici mon piano
c'est un squale qui rit
joue donc météore tzigane
apache qui saisit les seins de ma planète
astres loucheurs
elle est à moi elle est ma vierge
jouez jouez
la sérénade aux dix mille innocences
et la couleur ô peintre est indigo
jouez jouez
la symphonie aux aurores crépues
et la couleur ô peintre est cyclamen
elle a beau mordre ma planète
elle a beau regarder le ciel nu dans les yeux
prostituée bénie
et toutes ses montagnes le scorbut
et tous ses fleuves la blennorragie
elle est ma fiancée
ô peintre mon ami viens blanchir ma planète
ô peintre mon ami dis-moi qu'elle est plus pure
que le poème sans paroles
que le tableau qui ne sera jamais tableau
silence le trombone

silence cornemuse
le fabricant de mots épouse la planète
quelqu'un ricane
mais ta planète elle est illégitime
quelqu'un se moque
mais ta planète elle a dormi
avec tous les simouns
avec tous les déserts bourgeois
avec le moindre azur qui lui payait à boire
danse mon sang
cette nuit seule au lit de ma planète
et la couleur ô peintre est un mauve blessé
cette heure seule au lit de ma planète
et la couleur ô peintre est un vert qui se soûle
le poète est bigame
il épouse son rêve
jamais jamais le rêve ne divorce
puis il épouse dans son rêve
une planète qui n'est pas à marier
guitare ma guitare
console-moi je suis plus veuf
que ce violoncelle
où un puma s'est enfermé
le peintre est polygame
il peint une planète
et déjà il l'épouse
et la noce est en brun et la noce est en noir
puis une autre planète
carrée mais tendre oblique mais charnue
et l'amour est en ocre et toute la luxure
est en carmin coagulé
ma clarinette ô clarinette
reste avec moi ma planète me quitte
me laissant sur l'épaule
une chauve-souris qui me ronge la joue
ma clarinette ô clarinette

pourquoi t'es-tu changée en serpent vénéneux
nous avons tous menti nous avons tous menti
point de danse je sais à l'origine
point de danse un brouillard plus paresseux
qu'un basset bien nourri
point de danse je sais
ô peintre sur ta toile
un petit arbre
sans écorce ni feuilles
mais qui avait l'odeur de l'acajou
personne jamais ne l'a peint
personne jamais ne l'a vu
c'était un arbre au cœur
et du cœur à la main
le voyage est toujours trop difficile
vierge est la toile
vierge est la page
et nous sommes caprices du pinceau
caprices du vocabulaire
pas d'origine
un chiffon une erreur
pas d'origine je vous dis
une ouate imbibée de paroles sanglantes
et pas de fin non plus
au bout un mot sénile il faudra l'effacer
au bout un rouge très malade
qu'on repeindra d'un rouge condamné
danse mon sang
la guillotine et la métamorphose
on nous a tous menti
et le mensonge a purifié la chair
et le mensonge a sanctifié le verbe
j'écris que la planète soit
la planète respire
j'écris je viole ma planète
elle est heureuse d'en mourir

tais-toi le ciel je t'ai donné mon nom
je t'ai couvert de ma plus belle signature
j'écris que la montagne soit
et d'un silex est sortie la montagne
vêtue de plumes
comme un arbre de luxe au mois de juin
j'écris que la cascade soit
et le fleuve s'est mis à sauter
comme une chatte obéissante
j'écris que la terreur m'éclaire
et deux iguanes sont venus
me foudroyer de leur œil d'arquebuse
tu peins ô peintre
et la mer est en feu
tu peins
et le palmier s'envole
tu peins
et la grenouille
devient une orchidée
plus grande qu'une cathédrale
tu peins
et la chaise est déjà de chair vive
tu peins
et la lampe est déjà mammifère
tu peins
et la fenêtre boude
comme une lycéenne
privée de cinéma chaque dimanche
nous sommes riches d'inventer
nous sommes riches de nier
ce qui nous vient d'un mot
et voici la légende
ce qui nous vient d'un geste
et voici le triptyque
nous sommes riches de passer
de la chair dans le verbe

de la chair dans la chair de l'image
nous proclamons
nous sommes les égaux de dieu
dieu chassé du poème
dieu chassé de la toile
reste au fond de ta cage
caméléon qui prends l'aspect
de ces natures mortes
où les fruits sont rongés par de pâles insectes
nous sommes les égaux de dieu
par notre fable
mentir mentir est notre seule foi
penser penser est notre seul péché
nous consultons ce soir les autres dieux
mille obélisques venus nous offrir
une voyelle sainte
la déesse girafe a brouté notre lune
le dieu cloporte a dévoré nos temples
je vous salue déesse neige
je vous salue dieu sable
et cette pyramide est un dieu replié
et ce vieil horizon qui voyage et voyage
est le grand colporteur
en choses très divines
ce qui se peint
ce qui s'écrit devient sacré
devant la page
devant la toile
les autres dieux se mettent à ramper
un seul qui veille sur les dieux à naître
s'est moqué du tableau
s'est moqué du poème
c'est le gros dieu dindon
vivra vivra très peu
et voici la réponse
une statue en velours jaune

du doute a surgi la merveille
sera sera sans être
et voici la réponse
une vallée très douce
comme un puma qui s'est frotté contre l'étoile
pensera mal pensera de travers
et voici la réponse
un verbe si tranquille
qu'on y habite mieux qu'au fond d'une anémone
écrira repeindra
ne voudra pas écrire
du doute a surgi la merveille
vous savez bien trois mille oiseaux
et chacun qui déclare au soleil
allons jouer parmi les cartilages
vous savez bien trois mille cerisiers
et chacun toute une île au bout des branches
de la merveille rien n'a pu surgir
même la mort n'était pas concluante
de la merveille il ne restait que satiété
même la mort était une habitude
oiseau bouclé une valise
soleil tuberculeux il tousse tousse
cerisier une sotte béquille
même la mort était écrite trop écrite
même la mort était repeinte trop repeinte
la guillotine vous disais-je
et la métamorphose
qui ne pardonne pas
oh l'île est chiffonnée
comme un journal sans jour
oh tous les cerisiers
sont plus noirs que minuit sans la nuit
la mort je ne l'ai pas comprise
la mort tu ne l'as pas comprise
car elle a refusé de nous comprendre tous les deux

le doute même est la merveille
et par-delà la mort
ô verbe ô chose ô couleur de démence
le bleu est au pluriel
le rouge est à l'impératif
et ma syllabe est de fusain
et mon nom innommable est à l'huile
révolte de l'objet
orage de la chose
je suis poète
objet truqué
tu restes peintre
objet drogué
or le dieu inconnu
celui qui ment pour que tout nous soit plus facile
proclame
vous êtes les objets élus
pour le grand rite
danse mon sang
et ta blessure est à jamais ouverte

Troisième testament
(1964)

À Georges Elgozy

Venu le temps de n'avoir pas le temps
D'aimer, d'être soi-même ou de récrire
Sa vie pour l'accepter. Monde, va-t'en
Comme une chienne sous le train ! Délire

Que le mot le plus doux ne peut calmer.
Venu le temps. Faut-il que je m'obstine
À prolonger ce leurre ? Inanimé :
Lampadaire, bougeoir, caillou, racine,

Je serais plus heureux. Dix-sept avril
De quelle année trahie ? Sur quelle terre ?
Proverbe qui me trompe. Existe-t-il,
Le droit de l'homme dans son chant ? Se taire,

Se taire, vagabond... Je m'attendris
D'être déjà par la métamorphose
Quelqu'un d'autre, plusieurs. Faites le tri
Entre moi, les semblables, tant de choses

Qui m'auront remplacé. Vingt et un mai.
Venu le temps, sous quelle nébuleuse ?
Univers ennemi, tu compromets
Chaque syllabe qui éclôt. Je creuse

Une tombe invisible, et je prétends
Qu'elle est pour moi. Animal de silice,
Orvet, plante à soupirs. Venu le temps
De se désincarner. Je suis complice

Du fleuve : il ne veut pas de moi. Je cours
Embrasser l'horizon : il se dégage.
Quel bouvreuil comprendra que mon amour
Est plus pur que le sien ? Moi l'héritage

Du doute et de l'absurde. Où me sauver ?
J'habite sous la peau de cette orange :
Pourrie ! Je demeure vacant. Privé
De chair, d'esprit, je voudrais qu'on arrange

Pour la matière et moi ce rendez-vous
Dans le soupçon ; je serais anonyme,
Et lui dirais : « Fais de moi l'amadou,
Le poivre, la rosée, l'ombre des cimes,

La charrue, le cobalt. » Identité,
Pauvre complot ! En sa faveur j'abdique,
Utile à son indifférence. Été,
Septembre mais sans date, et la musique

Du néant qui s'approche. Où va le jour ?
Le siècle a-t-il un âge ? Un livre rampe,
Honteux de sa fidélité. Recours
À l'écriture en berne. Entre mes tempes

Tout est mensonge et simulacre. Usé
Jusqu'à l'âme qui dort. Être mystique
Pour disparaître en qui, pour s'enliser
En soi ? Que le premier venu m'explique

Pourquoi je vis, pourquoi je meurs si mal,
Homme anodin. Pas besoin de comprendre.
Je suis jaloux d'un quelconque animal :
La taupe qui se perd, la scolopendre,

Le rossignol qui ronge un bout d'azur.
J'envie l'objet, même s'il est stupide
Comme cet arrosoir. Le pied du mur,
Le fauteuil rouge empêchent mon suicide.

Je les respecte ; ils ne sont pas salis
Par la parole ou la frayeur humaine.
Mon univers est un jouet : ce lit,
Ce dé qui roule, ce coussin de laine.

Venu le temps de se recommander
Au mépris de l'orage. Moi, l'échec
Et le raisonnement. Je suis ridé
Comme un poème lu cent fois. Trop sec

Et trop sentimental. Un mulot boit :
J'y trouve mon éternité. Silence,
Nous sommes corrompus. Ce joli bois,
Ce ruisseau nu, ce lézard qui se lance

À l'assaut d'un glaïeul, seraient-ils nés,
Seraient-ils morts ? Combien de certitudes
Qui m'ont troué l'esprit, qui m'ont fané
Le cœur ! Hommage à l'oubli : je m'élude.

Quatorze octobre, et je suis la fourmi
Sans mémoire ni forme, absente, nulle.
Qu'on m'abandonne : il ne faut pas d'ami
À ce vide charnel. Le crépuscule

Est souverain. Juin brûlé, le vingt-neuf.
Colline à l'infini. Plus de planète.
Aux enchères ma peau ; j'en suis le veuf !
Existence, vertu trop indiscrète.

Venu le temps, parti le temps. L'espoir
Est pour les autres. Moi, la parenthèse
Dans une parenthèse. Il faut surseoir
À l'évidence. Une fable qui pèse

Moins qu'un baiser, moins que le moucheron
Perdu sous la salive : supprimée
Toute survie ! Quelqu'un plisse le front,
Quelqu'un écrit ces mots : « Vous ai-je aimée ? »

Quelqu'un se pend. Quelqu'un va s'aliter.
Quelqu'un caresse un bateau dans la brume.
Quelqu'un a froid : c'est la banalité
Qui lui fait mal. Le mythe se consume :

Mon âme camouflée, ton drame est plat.
Quelqu'un rugit : « Que l'univers périsse ! »
Quelqu'un tue sa jument. Quelqu'un est las
De raisonner, d'inventer des supplices

Pour poèmes fortuits. Quelqu'un reprend
Cet incunable où dort la coccinelle.
Quelqu'un flatte le fleuve en lui offrant
Par moquerie quelques sources nouvelles.

Quelqu'un n'a plus le goût d'interroger
Son ombre, son esprit. Quelqu'un frissonne :
Son cœur trop vieux donnera-t-il congé
À son langage ? Invective, maldonne.

Venu le temps, dissous. J'ai trop menti.
J'ai mérité un avenir de rouille.
Je tourne sur moi-même au ralenti.
Je ne suis plus. Prends ma place, grenouille.

★

Je me salue, moi qui trépasse.
Plus de regrets. Vous êtes purs,
Mes noirs printemps : sous les limaces
Il faut dormir. Voici le mur

Qui me sépare de moi-même.
Je suis la fable d'un néant
Fait d'équilibre, et je vous aime,
Vices verbaux. C'est en créant

Des mots que je comprends le monde.
Je te salue puisque tu cours,
Ma fantaisie. Les sapins grondent
Pour que s'y posent les vautours.

Un front me vient comme une route
Entre deux arbres nouveau-nés.
Je veux que la fontaine broute
Cette légende. Aliéné,

Distant, je regagne mes formes.
Gloire en morceaux. Je rétrécis
Comme un frac sous la neige. Ils dorment,
Les livres du savoir. Précis

De la colère, ode à la rage,
Pourquoi serais-je votre auteur ?
Réintégré, mon corps ! Lavage
Du cerveau par l'espoir. Couleurs

Plus douces que les mers qui chantent
Leurs obélisques renversés.
Je vous salue, mes nuits d'attente :
Pour une étoile vous dansez.

Sous mon poème féminin,
Délice, je m'allonge. Ébauche,
Éventail bleu. Combien de nains
Me borderont un jour ? À gauche,

Un paysage de soupirs.
Au centre, lunes et mosquées.
À droite, un prophète martyr
Avec quelques juments traquées.

Je peuple une âme à dépeupler.
Je me féconde, ô vie stérile !
Je dis ma concurrence au blé.
Je me voudrais une presqu'île.

Ne t'en va plus, verbe au galop ;
J'ai ma raison dans tes voyelles :
Livre ou parfum, tu es éclos
Comme une fleur trop infidèle.

Ma phrase cherche un peu de chair.
Inextricable hypocrisie,
Je te salue. Je suis ouvert
À l'irraison. Journée moisie,

Printemps podagre et méprisé.
Mon aube est-elle byzantine
Comme un alcool ? Déchu, brisé,
Repris par la terreur. Famine

Au fond des mots, jusqu'à mon sang.
La soif à l'œil, le doute au ventre.
Je me salue, en dénonçant
Mon inutilité. Je rentre

En moi, que je ne trouve plus.
L'âme en carton, faux le squelette.
Pourrie la langue, mais salut,
Extase née de la défaite !

*

Tu ouvres dans tes yeux cet œil carré
Comme un cachot. Tu as vingt-cinq aisselles,
Des masques pour m'y perdre, ou t'adorer
Dans le sévère anonymat. Parcelle

De sang qui bout. Je sais que l'horizon
Se transforme en lézard tenu en laisse,
Quand tu souris. De quelle déraison
Es-tu la pureté ? Courbe-toi. Baisse

Ta peau comme une jupe : je veux voir
Le squelette qui court entre tes veines.
Symphonie trop salée. Femme au miroir
Fidèle ou déformant. Fête foraine,

Rupture, gifle nue. Le pugilat
Nous désincarne. As-tu pris ta comète
Comme on prend son café ? J'ai du lilas
Pour ta nuque endormie. Seras-tu prête

Devant la soif ? Il faudra dévêtir
Les cieux. J'ai ma falaise dans ta bouche,
Comme une guillotine. Un seul soupir
Te coûte les deux bras. Ce qu'elle touche,

Notre salive le rendra sacré.
Moi prêtre de la rage, et toi déesse
Qui ressuscites le buisson, le pré,
La presqu'île fiévreuse, et qui redresses

— Miracle aux doigts — les volcans épuisés.
Le sapin peut dormir dans tes muqueuses.
Je t'apporte un cheval. Qui t'a brisé
Le cou ? Ta tête est sous le lit, heureuse

De s'être enfin libérée de ton corps.
Ma lèvre imite le renard. Tu saignes,
Ô forêt dévastée ! Nos désaccords
Engendrent la merveille. Est-ce le règne

Du poème femelle aux mille seins ?
Le moindre mot connaît la jouissance,
Mouillée, velue. Le proverbe assassin
À la voix de cascade nous repense

Et m'offre la luxure en tes poumons...
Une paupière : adieu, philosophie !
Un coude : adieu, pensées ! Nous décimons
La connaissance. Il faut que je confie

À la mémoire une jambe, un profil :
Ce sont les tiens. L'amour nous désaltère
Des amours. Ce menton m'accuse-t-il
De le dénaturer ? Je suis sincère

Quand je vide mon corps sur ton genou.
Où vont ces mains qui rampent sous l'armoire ?
Je t'enverrai des bouches. C'est pour nous
Qu'un voyageur — ironique pourboire —

A laissé des épaules, des yeux verts
Dans chaque chambre : acceptons son hommage.
Le sperme est dieu. Continents découverts,
Cerise de la joie, divin naufrage !

Ni rose ni raison. Pour exister
Sois un malentendu entre ma tête
Et de nouveau ma tête. Ô vérité,
Seule une chair déçue te rend concrète !

Parole ou pendaison. Femme, nos reins
Ont des lois comme nous. Cent dix seringues
Sous notre peau. La parole nous craint
Car nous sommes vivants. Je te distingue :

Est-ce au plafond ? Tu pourlèches l'azur.
Tu renverses le sang d'une planète.
Tu es obscène et grave. Un sexe dur
Décapite la ville. Tu répètes,

Collée à mes vertèbres, le galop
Que nous apprennent dans la peur le sperme
Et la salive unis. Tu deviens l'eau,
La vallée, la montagne. Je m'enferme

Au fond de nous. Je suis comme une dent
Qui déchire un soleil. J'ai des crinières
Pour la course lubrique. Homme pédant,
Femme écrasée. La mort est roturière

Puisqu'elle nous surprend à nous aimer
Sur le cadavre bleu d'une cigogne.
Charade ou chair ? Nous sommes désarmés.
La mort nous vient comme un poème ivrogne.

Maturité de quel atome ? Cinéma.
L'homme est de tous les animaux le plus burlesque.
Un cosmonaute meurt ; l'étoile qu'il aima
Mourra-t-elle avec lui ? Sous le château, ces fresques

Sont du Treizième. Objet, notre seul dictateur.
Un tube digestif peut-il être mystique ?
Le vrai défie le vrai, le beau devient menteur.
La sauterelle dort : on la met en musique

Pour distraire quel prince ? Un livre a tous les droits :
Tuer ses traducteurs, violer ses lectrices.
Le moindre papillon pourra vaincre le froid,
S'il se nourrit de buffles rouges. Le caprice

Tiendra lieu de logique. Un chêne conquérant,
Lassé de ses pouvoirs, se voudrait un cloporte.
Impatiente planète ! On voit sur les écrans
Des faubourgs démolis l'étoile qui avorte.

« Nous le jurons, tous les néants sont habités »,
Disent les dieux moqueurs, ces bonshommes de neige
Qui caressent d'un œil les chevaux attristés
Par le silence des prairies. De longs cortèges

Se forment car l'angoisse est comme dans le vent
Un arbre qui rugit, se couche et bat des ailes :
Vautour il se suicide, et moineau survivant,
Il s'accroche à la nuit, sans racines, rebelle,

Devenu l'antilope. Une ère de terreur
Secoue le monde ; et si c'était la tolérance
De notre temps : refus des certitudes, cœur
Partagé, raison double, esprit qui se condense,

Mercure en six couleurs aussitôt dévoré
Par son acide même ? Un pari : « Les oranges,
Nos seules saintes, les oranges — mots sacrés —
Succéderont à notre espèce. » Qui dérange

L'insecte méditant ? Croyance ou kangourou.
Le ciel est clandestin. Vive notre arbitraire.
Un jour le fleuve ira voter. Les dieux sont roux
De s'être compromis chez les dieux adversaires.

Changeons d'antiquité, mémoire ! Le journal
Souhaite bonne mort aux hommes trop dociles.
Vivre en aveugle... Amants, amants dans le canal,
Intoxiqués par un poème. Un campanile

Déserte la grand-place. Il faut hypothéquer
Notre équateur. « Si nous entrons dans les affaires »,
Murmure le pingouin. Deux suicides manqués
En l'honneur du platane verbal. Prolétaire

Comme une larme à l'opéra, dimanche soir.
« Je m'abonne au péché ; combien tes yeux kabyles ? »
Dit la veuve à l'enfant. Les dieux à l'abattoir.
L'érable, ce voyou, s'est sauvé de l'asile.

Planète ou cure-dents. Partie de dominos.
Grand Électeur de quel empire ? Banqueroute
Du ciel mis en conserve. Améthystes vénaux.
Les dieux se font microscopiques : tu les broutes,

Licorne qui n'existes plus. Parler, parler,
C'est devenir le vin battu par la bourrasque.
Le langage a trahi : nous l'avons exilé ;
Désormais le mensonge est notre loi. Je masque,

Tu masques, nous masquons. Race de magiciens.
La machine à penser remplace les goyaves ;
Elle dit « quatre-mâts » : c'est le nôtre ou le sien ?
Les dieux sont-ils pendus ? Les ouragans le savent.

★

Majuscule à subir.
Temple de la fatigue.
Le soleil, ce martyr
Cloué sur nous. J'intrigue

Pour une vérité
Sans chair et sans excuse.
L'arbre peut hériter
La légende. L'intruse,

Ma sagesse, défend
À ma folie de mordre
Le cœur du songe. Enfant,
Bel enfant du désordre

Et des fleuves glacés...
Le divorce des îles
Sera-t-il prononcé ?
L'étoile est bissextile.

★

Textes pour girafeaux.
Manuel pour mésanges.
L'aurore est sans défaut
Depuis que tu la ranges

Sous tes poumons, chanteur
Des cimes renversées.

Les capitales sœurs
N'ont plus de rues. Lycée

Où le monarque apprend
À saisir les planètes.
De quel poème errant
Naîtra la beauté prête

Pour le pouvoir obscur :
Confondre, aimer le doute,
Souffrir ? Palais sans murs :
La montagne est dissoute.

★

Image et couteau froid.
Poète sans tribune.
Plaisir du verbe et droit
De tuer, si la lune

Lâche ses léopards.
Éduquons le navire.
C'est une forme d'art
Que de prévoir le pire.

Jadis un voyageur
Épris d'une colline...
Un océan se meurt
Du mot qui lui dessine

Un profil insultant.
Tous les objets trahissent
L'homme : il a fait son temps
Comme les autres vices.

★

Pour être moi j'écris :
C'est aux mots de comprendre.
Poème favori,
Dis-moi si je suis cendre.

J'ai ma sécurité
Dans la fable et la rime.
Monde, je t'ai quitté
Pour le verbe : il m'exprime

À ma place. Penser
Lui appartient. Je dure
— Troène, oiseau bercé —
Si le veut l'écriture.

Par elle j'apparais,
Disparais — caillou lisse.
En mots je suis plus vrai ;
Vivant, j'étais factice.

★

La nuit dans les poumons.
L'horloge au fond des veines.
Boulevard. Résumons
L'obélisque. Ô gangrène

De l'esprit, de l'objet
Déchiré comme une âme.
Faubourg. Qui dirigeait
L'émeute ? Il faut qu'on blâme

Notre espèce. Habitants,
Mangerez-vous la ville ?
Nous avortons. Le temps,
C'est la guerre civile.

Quadruple identité.
Plaine en feu. Pas de règne.
Ce langage éclaté
Sur des fables qui saignent.

★

Temps du temps qui s'attarde. Est-ce mourir
Que mourir sous les mots de cette fable ?
Autour de moi s'éveillent les désirs.
Avril s'ouvre à nouveau ; il est durable

Comme le rire d'un convalescent.
Un monde au cœur du monde me succède.
J'en suis heureux : je devenais lassant,
Par l'ironie que j'appelais à l'aide.

Je déraisonne encore, c'est promis,
Pour paraître anodin. Je suis l'absence,
La vacuité, le langage ennemi
De sa propre parole. On recommence

Au fond des parcs à s'aimer. Les miroirs
Avertissent les couples. Moi, je quitte
Ce mauvais corps : c'est pour le recevoir
Dans mon palais, sous le gazon d'élite.

Soyez émus. Je suis déjà verbal.
Les mois de mai sont trop nombreux. Consonne
Ou crâne ouvert ? Nom lumineux, cheval,
Tout se résorbe, et moi je m'abandonne

Comme un sac de chiffons, au carrefour
De deux passés. Je veux qu'on me console ;
Entrez dans mon poème : il a des tours
Pour le vertige, et des murailles folles.

Installez-vous, les mots sont immortels.
Défendez avec moi ce vieux langage.
Je suis un peu de préhistoire. Appel
Des sens, apocalypse. Le bocage,

La mer... L'été va sortir de l'été.
L'écume a ses lilas. Ma chair traduite
N'est plus la chair. On ne peut arrêter
Cette escapade : ma chanson. La suite

Ne viendra pas. Je voudrais vivre en qui ?
Temps du temps qui s'attarde. Les semblables
N'ont plus rien en commun. Azur exquis,
Falaise vierge ou bouderie du sable.

Mon univers ne peut être important.
Il ne vit pas ? Il vit ? J'ai mes caresses,
La tricherie du mot, le jeu du temps,
L'incertitude, un fauve qui se dresse

Ou s'allonge, épuisé. Moi, le couloir,
L'homme et le faux objet, le dieu athée.
Les désespoirs font place aux désespoirs
Écrits, les terreurs aux terreurs chantées.

Paris, Mexico, Oaxaca, 1964.

Quatrième testament
(1965)

À Aragon

Amour après amour. L'objet se dit
Monarque sidéral. Ouvrez la porte
Si la fenêtre tousse. Un vendredi
Plus triste qu'un jardin blessé. « J'avorte »,

Crie la cascade au fond de la forêt.
Mystique après mystique. Un requin danse
Comme une fête carnivore. Attrait
Du vide par le mot. Sainte ignorance.

Fable après fable. Ô siècle trop ventru !
Leçon de chose : une pierre soupire,
Un oiseau saigne, une île a disparu.
Le poème ne peut sauver l'empire.

La vérité, ce sucre : il est dissous.
Lune après lune. On invente les hommes
À la façon des appareils à sous.
Peur après peur. Quelques passants consomment

Leur propre chair. Nous sommes en prison.
Planète après planète. Un mur est ivre,
Pour se moquer de nous. Plus de raison.
L'atome a confisqué les derniers livres.

Rage et refus. La santé du malheur.
L'inconnu, par mépris du connaissable.
Orgueil de suie. Le non-être vengeur
Farde ses treize bouches. Nous le sable

Que remplace déjà le sable mort.
Tous les néants sont gras. Folle mémoire,
Refuse-nous ton carrousel. Qui sort
De soi, sera sauvé. L'espèce dérisoire

Mérite quel sursis ? Course à l'abstrait.
Aucun cœur ne battra. Le sperme annule
Les plus belles amours. Nous sommes prêts
À prendre comme un train ce crépuscule.

Défense d'exister. Le jour s'éteint.
Dire devient un ennemi de dire.
Privés de nos genoux, pour que l'instinct
Cède à l'esprit ses plus riches délires.

Jurez-nous que la mer n'est plus la mer,
Mais un drap déchiré par les clientes
D'un hôtel pour lépreux. Dans quel enfer
La rose est-elle rose, l'inconsciente ?

Au fond du vent, le vent paralysé
A pris racine. Ô montagne suspecte
À toutes les montagnes ! Vous lisez
Que l'homme vit : démentez-le. L'insecte

Informe et froid devient notre cerveau.
Neutralité. Matière négative.
Nous changerons de monde car il vaut
Un melon dépecé. Trop de salive.

Improviser. Printemps. Caprice.
Image ou drogue. Un long cheval
Pareil au fleuve. Un jour plus lisse
Que cette épaule. Amour banal

Ou byzantin. Les corbeaux jugent
Leurs platanes fautifs. Que voit
L'étoile renversée ? Déluge
Pour un poète enfant. Convoi

De fourmis bleues. Les murs s'écroulent.
Les rois sont fous parmi leurs nains.
« Merci, merci », disent les foules
En confondant neige et venin.

Le silex, la syllabe. Oranges
Que refusa notre invité,
Le météore. On se dérange :
Obsèques de nos vérités.

Notre cigogne est fille mère.
Dans la bouteille un quatre-mâts.
La rue s'enfuit ; trop sédentaire,
La ville : elle vit de comas.

Du sang pour écrire l'histoire,
Et puis du sang pour l'effacer.
Le néant pleure : il ne faut croire
Ni l'avenir ni le passé.

La fable est-elle bonne actrice ?
Pour la nature, ces neutrons.
Un arbre est né : qu'on le bénisse.
Notre village a seize fronts.

Qui a brisé notre planète
Pour en extraire un diamant ?
Voleurs, fakirs, analphabètes,
Le temps se meurt, l'espace ment.

Exploitants, exploités, quel âge
A la souffrance de vos cœurs ?
Notre infini trouve sa cage
Parmi les tigres de la peur.

Cactus, nous sommes solidaires.
Silex, tu parleras pour nous.
Voici l'instant de nous soustraire ;
Le verbe est libre et sans genoux.

*

Ombre sous l'ombre lourde, et cette apoplexie.
Objet trouvé. Soupir têtu. Race en retard.
Sursaut du vent. L'amour qui va de facétie
En facétie. Sommeil, seule forme de l'art.

Journées de pendaison. Ni tourelle ni cloche.
Demain chaque proverbe aura neuf cents corbeaux.
Oreille et guillotine. Un séisme s'approche.
Pour que la déraison reconnaisse le beau,

Elle devra tuer le vrai. La moquerie,
Enfants, c'est le cobalt. Il faut se séparer.
L'homme retourne à l'amadou. Chanson tarie
Comme une encre trop nue. Vengeons-nous du sacré.

Carton, corail. Nous aimons ceux qui terrorisent
Le soleil vieillissant. Combien de passagers
Pour la naissance immatérielle ? Une cerise
Vaut un poème. Les esprits sont dérangés.

Quelle parole neutre a meublé nos silences ?
Nous sommes devenus le murmure agressif
De ce gazon brûlé. Si la poussière pense...
Un néant s'est ému. Parfois, contre un récif,

La fable se fracasse ; et toute la semaine
Son souvenir nous broute. Une ville, un pavé.
Qui sommes-nous ? Les mercredis, c'est par douzaines
Qu'on nous ramassera. Raisonneurs mal lavés.

Nos scepticismes nus. Revenir d'un voyage
Et n'être allé qu'au bout de ce poème en sang.
Nous célébrons l'absurde, et le non-être est sage.
L'oracle et les orties. Vieux bonheur des absents.

★

Nous sommes une anthologie
De mots souillés par notre chair.
Nous étouffons. Notre magie
Devient plus lourde que la mer

Multipliée par le silence.
Rêve ou rivage. On nous a lus
Cent fois. Notre poème offense
La vérité. De quel salut,

Êtres verbaux, serions-nous dignes ?
L'arbre nous quitte, auguste amant,
Et la poussière nous désigne
Comme héritiers. La fable ment,

Pauvre caillou fait libellule.
Dans notre sang, livre affolé,
Muqueuse à sec, plus rien ne brûle.
L'oiseau nous tue pour mieux parler.

*

Nous chantions comme princes :
« L'étoile est en danger. »
La fable nous évince.
Qui peut nous obliger

À vivre entre nos paumes ?
Ode ou verbe assassin,
Si notre soleil chôme,
Remplaçons-le : dessin,

Épure, cercle, image,
Pronom. Comme le grain,
Le poème est sauvage
Au mois de mars. On craint

Pour l'esprit des poètes.
Le bonheur est exil.
Syllabes, soyez prêtes ;
Les mots brûleront-ils ?

*

Montagne du vainqueur.
Améthyste nomade.
Qui s'apprivoise, meurt
Pour la fausse croisade :

S'accepter. Absolu,
Tu connais l'asphyxie ?
Pourquoi vous avoir lus,
Mots vénéneux, messies

Des musiques sans fond ?
Quelques vautours hésitent.

Quelques dieux se défont
Dans la bruyère. Ô mythes

De l'homme nul ! L'espoir
Ne veut plus de complices.
Échangeons nos miroirs
Pour des oiseaux factices.

★

« Attends », disait la mer.
« Reviens, si tu respires »,
Suppliait le désert,
« Pense à moi. » « Cet empire »,

Grondait l'arbre en marchant,
« Ne vaut pas un baiser. »
« Survivre par le chant »,
Pleurait l'oiseau. Brisé

L'azur, comme un cristal.
Fendu le cœur qui danse
Au moindre mot. Fatal,
Le jeu des ressemblances.

La planète, sans bruit,
Lasse de nos idées,
S'est-elle comme un fruit
Dimanche suicidée ?

★

Une pipe, une aisselle,
Une grange, un vautour.
La vie impersonnelle
Tuée par ses faubourgs.

Un livre, une consonne,
Un azur en charbon.
La sève qui raisonne
Pour quelques moribonds.

L'amour, la bonne année,
Une plaine, un chalut.
L'harmonie destinée
À qui n'existe plus.

Une aile, une limace,
Un océan froissé.
Plus de temps ni d'espace :
Nous sommes remplacés.

★

Une étoile éventrée.
Un objet trop humain.
Une salive. On crée
Des mots. Par quels chemins

S'en va l'orgueil ? La crise
Chez les arbres jaloux.
Les poètes qu'élisent
Les loups d'entre les loups.

Un glaïeul. Une cendre
Pour peupler l'univers.
Une momie. Comprendre
Ce que dit le désert

Dans la brume. Un athée
Met le feu à son corps.
Qui l'a réinventée,
Si aimante, la mort ?

À votre choix : licorne,
Mots divins, toboggans,
Paysages qui s'ornent
D'un voilier naviguant

Sur la lune. Surprise,
Cheval décapité,
Platane. À votre guise :
Poèmes sans fierté,

Verbes nus. À vos ordres :
Musique, sang, regards,
Horizons qui vont mordre
L'infini. Œuvres d'art

Privées de leurs souffrances.
Chiffons, seins froids, pubis :
À votre convenance.
Univers d'alibis.

★

Le sang, le paysage,
La valise, l'effroi.
Trop d'amour que partagent
Les inconnus, ces rois

De la nature folle.
Besoin de se briser.
Un arbre est à l'école.
Un lac a composé

Ce visage de femme.
Le maïs, la pudeur.

Chaque horizon réclame
Une existence ailleurs.

Le chien, l'azur, l'amante.
L'océan qu'on relit.
La mort se réinvente :
Neige contre l'oubli.

★

Une existence abstraite
Comme un verbe sans fond.
Les îles nous répètent :
La fable est un chiffon.

Pour que les objets meurent,
Il suffit d'en parler.
N'écrivons rien. Ce leurre :
Être soi-même, ailé,

Double, contradictoire,
N'émeut pas le gazon.
Place à la préhistoire
De demain ! La raison

N'est qu'un débris de verre.
La loi suit le chacal.
La nature préfère
La rage à l'idéal.

★

Nos démentis. Portrait d'une planète.
Pour la femme trop nue combien de bras ?
Bateau qui dort. Existence incomplète.
Printemps rouillé. Boxeur, qui te battra ?

Drogue ou dragons. Les seins du tatouage.
Les tilburys ne vont plus aux forêts.
Nés trop tard, nés trop tôt. Perdue la rage,
Beaux délinquants. L'univers est distrait

Comme un agent de change, et la faillite
Fait son travail de faucon vert. Catin
Pour souteneur de sang royal. Récite,
Poète fou : c'est ton dernier matin.

L'absurde a-t-il mûri ? Boissons trop fortes.
Lune perdue par un usurpateur.
Quatre pour cent de volupté. Qui porte
L'étoile vierge à l'abattoir ? On meurt

Pour tromper son ennui. Valse ou réclame ?
Nous n'avons pas fini la guerre, enfants
De la salive : on recharge les âmes
Comme de vieux tromblons. Tu nous défends,

Mais contre qui, besoin du ridicule ?
Squelette à réparer. L'unique espoir :
Un suicide innocent. Trop de globules
Pour un cœur si mesquin ! Rêve à revoir,

Talent de tarentule, amour d'amibe.
Potence et paradis. Nous finissons
Dans quelle foi ? Cet espoir qu'on exhibe
Comme un sexe en public. Quelques tessons

Au travers de la gorge. Un autre thème.
Chanson de la rosée. Prends ce taxi,
Poète à la dérive dans toi-même.
Lèpre ou lilas ? Tout est mortel ici.

Épouvantails. La liste des otages !
Périr, quel doux métier. Ce laminoir,
Cette prose qui rit, ce faux voyage
Jusqu'à l'indifférence. Un seul pouvoir :

Multiplier les refus de comprendre.
Roulette ou destinée, c'est le zéro
Qui sort. Cheval trop blanc, crinière en cendres,
On t'appelle Ironie. Dans quel bureau

De poste envoyons-nous ce télégramme :
« Avons trouvé le cadavre de Dieu » ?
L'agonie du sacré n'est pas un drame.
La nuit devient trop claire pour nos yeux.

Bombe au cobalt. Missile anti missile.
Planète indéfinie, quelques photos...
La vérité, quel songe difficile.
Merveille en berne, amours brûlées. Veto

Sur l'homme. Un héritage de poussière.
Vénéneuse, l'espèce. Âme en nylon.
Fables chiffrées. Poursuites judiciaires
Contre les mots. Poème à reculons.

★

Mutismes bleus. Faut-il être soi-même ?
Raison de l'irraison. Rien n'est urgent.
Thrombose et prosodie. Les dieux qui s'aiment,
Inventent quel orgasme ? Archange, agent

Mais sans pouvoir. Notre peau trop publique
Est moite comme un œil. Monde perdu
Dans ses remords. Vingt-trois genoux s'expliquent
Sous une main qui court. Individu,

Reconnais-tu, au sein des agonies,
Ton agonie à toi ? L'équivalent
D'un moucheron. L'existence renie
Ceux qui prétendent respirer. Bilan

De ce vide insulté par d'autres vides.
Les prêtres de la peur. Trop de neutrons.
Dès qu'on le chante, un poème se ride.
La vérité, c'est notre pire affront.

Indifférence. Étoile pour personne.
Planète nulle. Océan qui tarit.
Verbe assassin. Paysage ou consonne ?
Les mots, groseilles folles, sont pourris.

★

Ranimer les néants. Punir les roses.
Été perdu. Vendre le désarroi
Comme des fruits blessés. Myxomatose
Dans les cerveaux. Enfer numéro trois.

Construire un autre paradis. Mensonge
Revêtu de pingouins. Tromper la mort
Pour être plus mort qu'elle. Un verbe ronge
Ses propres mots. Prendre un navire au port

Et bourlinguer jusqu'à tordre l'étoile.
Sable ou sentence ? Un caillou se permet
De vivre dans l'espoir. L'âme nous voile
La vérité. Siècle sans mois de mai.

Survie privée de vie. Se méconnaître
Pour déplacer les rêves. Tournesol
Debout parmi les princes du non-être.
Interdire aux vautours leur premier vol.

Faillite ou fantaisie ? Quelques visages
Pour secouer l'azur. Intervenir
Comme dans la prière une oie sauvage.
Cécité satisfaite. Un vieux désir

Suspendu par les dents. Mythologie
Qui condamne les dieux. Se profaner.
Le livre et les amours qui se plagient.
La pudeur, une taupe. Ô nouveau-né

Sans nuque et sans poumons... Vides planètes,
Jardins vénaux. Combien de raisonneurs ?
Le sacré devient froid. Pour qui s'arrête
Le fleuve de l'exil ? Verbes voleurs

D'images nues. Lumière qu'émancipe
Un papillon dissous. Démangeaison
De la matière. Il s'éteint, le principe
Au cœur des choses. Pourquoi l'horizon

Dort-il comme une chatte sous l'armoire ?
Finir dans la musique. Réprimer
Quelques chairs en extase. Ô préhistoire
Venue comme un dimanche parfumé !

Méandre et mimétisme. Ouvrir un crâne
Et s'y trouver. L'absurde est naturel.
Palais qui danse ou comète qui flâne ?
Empoisonner l'image. Il faut un sel

Pour dissoudre, en tremblant, quelques symboles.
Pourpre des mots, fable enceinte, juments...
Guillotiner par jeu. L'espèce est folle.
Victoire de quel rêve, au détriment

De quel rêve caduc, sans la rêveuse
Ni le poète ? Expurger les miroirs.
L'espace rétrécit ; le temps se creuse
Comme un tombeau. Se moquer du savoir.

Biographie de quelle indifférence ?
Doute ou fureur. Il faut nous abuser.
Au nom des arbres cet arbre s'élance
Dans le soleil. Suicides refusés.

Paris, Cleveland, Detroit, 1965.

Venez venez
l'absence est une volupté
(1966)

I. POÈMES SANS ELLE

VAIN PORTRAIT

l'élève étoile aura sa récompense
tituber loi légère
les sous-marins souffrent de froid
   ta peau ta petite pudeur

pour quelques-uns le siècle est mûr
à chaque objet son abordage
on prédisait un règne de rosée
   tes comment tes combien tes cothurnes

qui trouvera l'île égarée ?
pour la folle bataille
on mobilisera les libellules
   ta gencive est aussi ta cheville

nous ne prenons jamais l'avis du fleuve
notre seul philosophe
il serait ivre le poirier
   tes cartilages de cristal très chaud

pourront s'inscrire à l'université
les baobabs les zébus centenaires
les grands ponts suspendus
   ta langue et ses cousins les vieux lézards

bourrasque revenue d'un long voyage
dicte-nous tes mémoires
les gants vous le savez mangent les mains trop douces
    le pain de ton pubis

si l'enfer est pavé de fables
on expédie gargouille après gargouille
la ville sainte aux peuples qui n'ont plus la foi
    tes regards de cascade renversée

le simoun apprivoise un squelette
entendez-vous dans ce tonneau de cidre
vingt fois vingt fois le rire du volcan ?
    ton sein voleur de lèvres

le seringa héritier présomptif
de notre prince
depuis jeudi notre gondole tousse
    tes bouderies d'oiseau qui se voudrait lionne

les plus jeunes dolmens
ne vont plus au théâtre
les mourants sont toujours les derniers à mourir
    ta sueur trop sauvage

on pleure on crie puis on salue la préhistoire
dans le jardin de l'inconnue
les silex fleurissaient
    ton huître tiède et sans écaille

aurochs aurochs chantaient
sur la piste d'envol
les pilotes saisis par la terreur
    c'est l'année de tes nerfs de tes narines

le temps viendra d'insulter ces oranges
s'exprimer c'est trahir
ses plus beaux rêves
    tes vérités vénales

trop incomprises les fougères
émigreront parmi les phoques
la croisade n'est plus que cette valse lente
    tes menstrues tes mensonges

divine et plus nulle que nulle
maudite par la peau
oubliée par l'esprit
je trompe
toutes les femmes
en t'acceptant
comme un talon accepte d'écraser
sur le trottoir une aubergine
je t'offre
mon existence
ma gloire ma planète
l'univers que pour toi je crucifie
hommage au rien
devenu trop femelle

GROSSESSE

mon fils ?
qu'il soit vautour ou tournesol
ma fille ?
la comète qui geint
la pierre trop émue
pour s'arracher à la montagne
jour de grossesse
mes seuls jumeaux
seront la caille et l'okapi
courant sur la savane
n'accouche pas
d'un homme
d'un dieu
de moi-même squelette étourdi du néant

— dis-moi pour quoi tu vis
— pour caresser un doute
aussi doux qu'un puma
âgé d'un quart de lune
— dis-moi pourquoi tu aimes
— parce que la brebis est un silex
le silex un genou de fée
la fée un mot pendu par la nageoire
— dis-moi pourquoi tu changes
— mais non je multiplie l'azur
comme un hareng se multiplie entre les vagues
et je divise l'horizon
comme on divise un colibri
entre deux mille enfants aveugles
— dis-moi pourquoi tu meurs
— il faut que la serrure et l'alouette
le livre et la cascade
apprennent
à se tromper

TU AS

à la place du cœur
un petit pain doré
sous ton aisselle
une ville si moite
qu'elle miaule
entre tes jambes
de quoi brûler le paradis
de quoi éteindre les enfers
dans l'œil
l'espace y joue à n'être plus l'espace
quelques bougies
pour que la mer se couvre
d'étoiles querelleuses
partout
l'odeur qui me résume
car je suis entre nuque et nombril
ton insecte sacré

DÉPOSSÉDÉS

comme un jeune écureuil
choisit son arbre
tu m'as choisi pour devenir en moi
plus vive
que dans tes propres veines
et te voici debout
qui prolonges mes os
et surgis de ma bouche
puis t'échoues sur une île nouvelle
ô toi dépossédée de toi
pour la joie d'être mon jouet
ô moi dépossédé de moi
par ambition de t'habiter
l'échange est accompli
deux jeunes écureuils
cherchent en vain leur arbre

WISCONSIN

tes yeux
tes yeux
et le lac Mendota qui joue
à rendre aveugles ses canards
tes seins
tes seins
et le lac Monona
qui se lève la nuit
pour s'éloigner dans la forêt
comme un vieux moine bégayant
je t'ai mordu l'épaule
et ton sang est très lourd
sur les trois mots
que j'offre en sacrifice
à notre amour sans lendemain
car plus jamais je ne prononcerai
celui de vie
celui de rêve
celui de vérité
tes genoux tes genoux
j'écrirai le roman
de tes vertèbres révoltées
j'écrirai le journal intime
de ta paupière au frais de ma paupière

ton ventre
ton ventre
je te pendrai
au verbe le plus pur
de mon livre sans fin
nous serons tous les deux célèbres
d'avoir appris à lire
à nos muqueuses
toi aux tiennes mes vers
moi aux miennes ta prose
où se suicident
les lacs sans nom
les lacs qui volent
de souvenir tordu
en souvenir tordu

CE LENDEMAIN

j'ai rendez-vous
avec un horizon rapace
pour lui parler de toi pour lui mentir
pour succomber
j'ai lu ta lettre à haute voix
devant les cent quatorze capitales
de la planète
aussitôt écroulées
je te rapporterai des fleuves doux
comme des zèbres nés dans les nuages
je te retrouverai
vénéneuse et plus chère
qu'aux océans
les grands requins qui sautent

APRÈS MOI

l'univers rugira
j'invente une prière
pour te béatifier
l'univers barrira
j'invente
la cathédrale
pour tes cheveux
autour d'une île mammifère
l'univers déchiré coassera
j'invente un dieu
pour qu'après mon suicide
tu lui lèches les mains
l'univers se taira
libellule mystique

l'amour
cet océan pour antilopes folles
l'amour
cet œil qui cloue mon œil
sur l'étoile trop ivre
l'amour
cette valise où dorment les toucans
qui nous ressemblent
l'amour
ce soleil qui proteste
d'être en exil sous ses propres genoux
l'amour l'oubli
et les mots affamés
qui rongent cette mandarine
notre mémoire

CONTAMINÉE

tu n'es intacte
qu'au fond de ce poème
né sans moi né sans toi
si mammifère
il a mangé ton coude ce bon pain
et dormi sur ma hanche cette plage
c'est le dernier écrit du monde
celui où toutes les syllabes
signifient toi toi toi
il est si doux quelques délires
il est si calme cent frissons
après lui le soleil deviendra tarentule
et l'océan plus sec
que ton genou sans ma salive
tu n'es intacte qu'à l'abri
de ce poème

un an de joie
entre tes lèvres sous-marines
un siècle de souffrance
entre tes mains cigognes sous la neige
un millénaire de terreur
sous ta nuque statue
à la mémoire
des choses violées
je te veux éternelle
comme le doute ce renard
parmi les animaux trop domestiques
mes certitudes

par la vertu
de la fontaine aux ailes vertes
par crime
d'oisiveté devenue de l'amour
par la vertu
des choses caressantes
la table qui miaule
et le gazon qui dit crépu crépu
par crime
d'arrogance et de jeu
le don de soi
par la vertu
du mot qui excuse la chair
et la dorlote
comme une ânesse blanche
par crime
de torture appliquée
à l'esprit qui se cherche
là où tout est pourri
par la vertu de l'horizon
qui consent à s'asseoir sur nos mains jointes
par crime
d'images trop féroces
par la vertu
du crime

POURPRE DU CŒUR

— il a fendu le trône
— je réponds : amadou
— il a empoisonné les poèmes royaux
— je crie : pourpre du cœur
— il a nommé grand vizir le cyprès
— je l'applaudis : dragon de glace
— il a bu les menstrues des vierges
— je suis heureuse : le défi
— il a traqué les dieux sous une cloche
— grâce à lui je suis femme

SOIS TON SANG

— jeune plumage
— sois simple comme ton aisselle
— lourde colonne
— sois naturel comme ta nuque
— discours du serpent fou
— sois fidèle à ta peau à ta lèvre
— refus de l'azur qui fermente
— sois l'ami de ton verbe natal
— moustique aux morsures de tigre
— sois ton œil sois ton sang

INTERROGATOIRE

— et si les lunes sont fanées ?
— moi ton genou
— et si les pierres se révoltent ?
— toi ma muqueuse
— un monde où tout devient cristal
— moi ton apoplexie
— un citronnier qui part en guerre
— toi mon tendre vertige
— pourquoi ces mille paquebots
qui aboient dans la brume ?
— moi ta raison courbée
— ces livres
rongeront-ils tous les ponts suspendus ?
— toi mon proverbe à violer
— nous deux
plus innombrables
que les étangs venus
s'abreuver d'ignorance
— plus décédés que le bonheur
qui s'obstine à rester le bonheur

MÉFAIT DU VERBE

j'ai souvenir
d'un souvenir
où tout était visage de rosée
soleil intime entre les doigts
fleuve à genoux
pour recevoir une caresse
j'ai souvenir
d'un souvenir
où tu étais précise et pure
et c'est la poésie déjà
qui t'invite au suicide
puisque souffle après souffle
je t'invente et t'invente et t'invente
et nous perds tous les deux
à te réinventer

L'AMOUR DU POÈTE

un poète vous aime
et vous donne le droit
d'être le chêne féminin
le fleuve à cent pagodes
la comète en voyage
un poète vous aime
pour vous habituer
à faire quelques pas dans la banlieue
de l'univers que vous seriez
s'il n'était point venu
un poète vous aime
et vous rend responsable
d'une très longue éternité
souples aurores
lacs à poissons volants
un poète vous aime
et tout vous est permis
l'inceste heureux
le sacrilège si sacré
un poète vous tue
pour aimer plus encore
les mots qu'il nourrira de vous

LÈVRE EN EXIL

— une lèvre en exil
qui se tord qui se tord
— nos amours en dix-huit essuie-mains
— que choisis-tu
l'orange ou la postérité ?
— même l'azur est adultère
— étreignons-nous pour ne plus nous comprendre
— ton vertige a combien de carats ?
— je voudrais être ton aisselle
— je suis plus royaliste
que ton genou

LE MONDE LÉZARD

— l'aile ou la cendre ?
— j'ai déplacé notre soleil
— le journal ou la chatte ?
— j'ai corrigé la nuit pubère
— l'icône ou la ciguë ?
— j'ai trépané notre montagne
— l'obélisque ou la grêle ?
— j'ai recousu le fleuve
— le crabe ou le vertige ?
— j'ai réveillé nos îles froides
— la légende ou le doute ?
— j'ai convaincu le monde
il se fera lézard

MA SŒUR PRESQU'ÎLE

— vite un baiser
— d'iguane ou d'archipel ?
— tu te souviens
les royaumes partaient dans le cobalt
pour un rire éclaté
pour un objet qui n'avait pas de domestiques ?
— tu mens
les roses se couchaient sur toi comme des tigres
— sois doux sois doux comme un tangage
— l'amour n'est plus que la ciguë
— j'avoue que j'ai vendu mes seins
à l'oiseau de l'enfer
— ma sœur presqu'île

AVION

dans les froides provinces du néant
les gratte-ciel tendent le cou
pour te happer
oiseau sans ailes
les horizons s'habillent de potences
quelques aviateurs
font leur plein de dégoûts sidéraux
la plus grande statue
brandit par la mâchoire une jument qui crie
planète nue planète nue
tu es enfin si perpendiculaire
à notre volupté
dont les fenêtres nous coupaient les bras
j'ordonnerai qu'on lâche sur la ville
des bouledogues violets

LA LETTRE

je t'écris cette lettre
comme on écrit à ses poumons
pour leur donner quelques nouvelles
de ses genoux
et de ses lèvres qui murmurent océan
je ne l'enverrai pas
pourquoi charger de mots
ce qui est mots
ton ventre la voyelle
ton cœur le verbe rond ?
je me relis
pour me glisser entre tes chairs
message
d'un météore cajolé
voici ma signature
peut-être que mon nom
te donnera naissance
je t'écris cette lettre
en salive royale

— crois-tu qu'il faille allumer le cheval ?
— puisque ce soir nous habitons
une vertèbre soûle
— et l'horizon tu vas le sacrifier ?
— qu'il vive
tant que les mangues nous seront fidèles
— la montagne non plus n'est pas heureuse
— c'est à cause des mots qui rongent
et puis refusent de ronger
— tu me diras sous les corbeaux
que tu es moi ?
— l'incertitude est un mimosa bleu
— tu ne réponds jamais que par quelque serpent
— je me demande
si dans cette vallée
les ombres sont des mulâtresses
— soyons des lacs obéissants
— reviens prends garde un marbre va mûrir

TROP DE POUVOIR

— et l'espace félon ?
— j'ai trop de nids pour toi
— et la parole qui abdique ?
— j'ai trop d'extase avant l'extase
— et l'esprit qui s'entoure de peaux ?
— j'ai trop d'amour à dévoyer
— et le silence
trahi par le silence ?
— trop de pouvoir
pour un être inventé

LE CHOIX SUPPOSE DES OBSÈQUES

— lourde cigogne
— ton œil est sacrilège
— lune rampante
— tu me prononces tu m'épelles
— aurore détournée
— tu vis tu vides l'existence
— lèpre ou séisme ou mimosa impératif
— le choix
suppose des obsèques

SUPRÊME TRADUCTION

— comptables de la peur
— la libellule est fruit de mon corsage
— fonctionnaires du sang
croupiers de la forêt qui brûle
— les doigts se cueillent
la peau s'écrit
— pourquoi les dieux distribuent-ils ces dividendes ?
— la chair est à louer
la salive se solde
— tant de bouddhas cotés en Bourse
et tant de mahomets
qui vont pourrir à fond de cale
si l'océan part en vacances
— tu connaîtras la paix
quand je te traduirai en cartilages ?

VIVRE EST TUER

— tu lis
— un puma dans le cœur
— tu vois
— un volcan dans les yeux
— tu crains
— une île sur l'épaule
— tu vis
— vivre est tuer la terre
— tu meurs
— mourir est abîmer l'espace

J'ÉCRIRAI

j'écrirai ce poème
   pour qu'il me donne
   un fleuve doux
   comme les ailes du toucan
j'écrirai ce poème
   pour qu'il t'offre une aurore
   quand il fait nuit
   entre ta gorge et ton aisselle
j'écrirai ce poème
   pour que dix mille marronniers
   prolongent leurs vacances
   pour que sur chaque toit
   vienne s'asseoir une comète
j'écrirai ce poème
   pour que le doute ce vieux loup
   parte en exil
   pour que tous les objets reprennent
   leurs leçons de musique
j'écrirai ce poème
   pour aimer comme on aime par surprise
   pour respecter comme on respecte en oubliant
   pour être digne
   de l'inconnu de l'impalpable
j'écrirai ce poème

mammifère ou de bois
il ne me coûte rien
il m'est si cher
il vaut plus que ma vie

SANS LIMITES

— le ciel est trop carré
— mais courbe je le touche
— la neige est trop barbare
— mais douce je la bois
— la ville a des vertèbres
— pour que tu les empruntes
— le fleuve a des banquises
— pour t'offrir des statues
— le métro quel éclair !
— ainsi brûle ma gorge
— et tous ces ponts qui sautent !
— pour être près de nous
— le siècle est trop rapide
— nous le ralentirons
— l'espace a trop d'étages
— nous percerons le toit

REFRAINS

I

— cet âge souverain comme un vautour
— ou le contraire
— je mendie l'infini ce ducat cet écu
— ou le contraire
— l'esclave du volcan
s'appelle ruisseau borgne
— ou le contraire
— la banquise verbale
de mon livre gelé
— ou le contraire
— mes épaules choisissent
une âme lourde
— ou le contraire
en l'honneur du poème désobéissant

II

— moi je profane
pour me rendre plus digne
— nul n'est si nul
— toi tu subis

astre coagulé
— nul n'est si nul
— toi et moi ce système nerveux du néant
— nul n'est si nul
— lequel de nous
pour une fête
qui dégénère en fruit ?
— nul n'est si nul
— moi répété
toi donnée en exemple
tous deux patrie de cent mille refus
— nul n'est si nul qu'il ne mérite
un verbe ouvert

III

— le dieu est tigre
— je le pourchasse
— le dieu est blé
— il sera mon festin
— le dieu est neige
— je le salis
— le dieu est or
— je le dépense
— le dieu est fleuve
— je le détourne
— le dieu est rire
— je l'accepte s'il tue les autres dieux

IV

— palétuvier menteur
— il faut que l'arbre signifie
— minaret sous l'étang

— il faut que la pierre voyage
— table qui vole
— il faut un rêve à chaque objet
— pélican rétréci
— il faut que tout se fasse azur
— livre plus grand que l'aube
— il faut être infidèle
pour revivre sacré

V

— chair traduite en presqu'îles
— combien d'Espagnes ?
— adultère des yeux déserteurs
— combien d'Espagnes ?
— aisselles devenues basiliques
— combien d'Espagnes ?
— gorge tranchée
pour un mot confondu
avec la vertèbre du fleuve
— combien d'Espagnes ?
— mémoire sèche
comme une joue tendue
devant le galop du soleil
— combien d'Espagnes
en réserve chez moi
qui vont pourrir pourrir ?

VI

— seigneur ô prénom de l'abîme
— dehors l'iguane
— néant synonyme de moi
— dehors l'iguane

259

— secret gardé au fond d'un verbe
— dehors l'iguane
— départ pour l'ombre
et pour le sel
et pour la forfaiture
— dehors l'iguane
— chasse aux métamorphoses
aux soupirs mal reçus
— dehors l'iguane
pour compléter
notre supplice

assassiner cette mémoire
qui sans pardon me livre
tes formes tes sueurs tes jambes
d'où sortaient des pouliches
plus caressantes que l'aurore
tous mes squelettes m'ont quitté
je suis la peau en peine
qui erre à la recherche d'un oubli
sommes-nous confondus
comme langue et palais
dans une même bouche ?
et mon suicide est d'accepter
que tu me peuples
et me surpeuples
et m'expulses de moi

ce qui est immortel ressemble
aux cigognes venues
d'un soleil égaré
nous n'avons pas le droit
d'en retenir
fût-ce une plume
fût-ce l'ombre d'un cou
va-t'en vivre chez toi
entre tes seins plus borgnes
que l'horizon mort-né
moi je retourne à mon désert
où les mots sont privés de pétales
car je reste quelconque
c'est mon église
car tu restes quelconque c'est ta chance
d'être avoine qui court
ou avoine couchée sous le galop du vent
séparons-nous
puisque tout est parfait

COMMUN ACCORD

vingt-six minutes
depuis que d'un commun accord
nous sommes l'un pour l'autre décédés
devenir moi ?
or tu m'emportes
comme un fruit de théâtre
en soie décolorée
devenir toi ?
or je ne garde
que ton parfum
perdu entre mes phrases clandestines
devenir nous
ces passants qui se trompent de vie
comme on se trompe d'escalier
chez un monarque fou ?
je caresse l'autruche de marbre
que l'on appelle
sérénité

UN ADIEU

je ne te verrai plus
c'est la mer à vider
c'est le ciel à vêtir
ton visage déjà gagne les arbres
et pendant quinze siècles
ton rire je le chercherai
sous les objets de proie
je ne te verrai plus
c'est la lune à cueillir
c'est l'espace et les autres espaces
à loger dans mes veines
tes genoux roulent sous le fleuve
tes clavicules brillent
sur la peau des falaises
je ne te verrai plus
c'est la mort à tromper
c'est la planète à mordre
avec les mille dents que m'a données l'absence

ENCOMBRÉS

(datura cicatrice)
pourquoi ton souvenir m'arrache-t-il le crâne ?
(statue équestre paquebot)
j'avais de très douces manies
sous ton aisselle
je songe à toi comme un vautour
après la mort du continent
où se trouvait son nid
(lait répandu lampe rongée)
tu sautillais dans mes poumons
je n'ai que des syllabes
pour t'étouffer pour te punir
pour être seul
comme un épouvantail couvert
de proverbes crépus
(table sans nuque ciseaux fous)
rappelle-toi le ciel
qui venait se frotter
pour un peu de plaisir
à la doublure de nos yeux
(brouillard à consoler lac à défendre)
dans tous les hôtels borgnes de la terre
je suis celui qui interrompt
l'orgasme des amants
(cœur de menhir épaule d'araignée)

2. L'ERREUR HUMAINE

À Jean Girerd,
puisqu'il a le pouvoir
de me désintégrer.

LES DIEUX MÉFIANTS

« Non, non », disaient les dieux,
« s'il faut un œil,
qu'il appartienne à la montagne. »
« Non, non », disaient les dieux,
« s'il faut un rire,
qu'on l'offre à l'océan pour l'animer. »
La parole au dindon,
au cactus, au ruisseau !
Et la pensée,
que le roc s'en empare,
pour mieux se reconnaître. »
« Non, non », disaient les dieux,
« épargnons-nous
l'erreur humaine. »

ORIGINE

à l'origine
il y aura trois cieux
le juste le moins juste et le frivole
à l'origine
il y aura
des soleils par douzaines
   comme des œufs dans les boutiques
   certains blancs certains noirs
   et certains habités par des vautours
à l'origine
il y aura
à chaque heure midi
à chaque heure minuit
   un équinoxe on veut dire une taupe
   et un printemps au milieu du printemps
   on veut dire une rose qui croasse
à l'origine
il y aura
un homme en cœur de cerisier
un homme en paroles de neige
un homme en naufrage de lune
à l'origine
il y aura
le divin gaspillage

les basiliques
s'écartelèrent
comme des filles sous l'amour
les grands palais de marbre
crachèrent leurs lionnes
sur l'étoile ennemie
le cimetière
dansa dansa
depuis huit jours
les hommes se changeaient
en cheminées siphons poubelles
costumes sans corps à vêtir

Caillou,
au lieu de dire :
« Bonjour, caillou »,
je devrais t'admirer
si longtemps, si longtemps,
que tu acceptes
de parler à ma place.
« Bonjour, poète »,
me dirais-tu, et même
« Bonjour, caillou »,
pour me prouver
que tu n'es pas dupe des mots.
Alors, caillou moi-même,
et plus digne de toi,
j'aspirerais
à devenir un homme.
Nous serions frères,
et si jaloux
de notre nature trahie.

LE CHOU-FLEUR

la gabardine
parle de son veuvage
la moquette prétend qu'on l'humilie
le train qui entre en gare
pense incarner la tristesse du monde
et la poubelle avec son vieux chou-fleur
ne songe qu'au suicide
or l'homme se voudrait
moquette gabardine
train sans gare ni rail
seul le chou-fleur a l'air heureux
de pourrir sans savoir qu'il pourrit
ni qu'il est un chou-fleur

Je caresse le mot « cristal ».
J'ouvre un livre qui m'aime.
Je dis aux domestiques :
« On livrera vers les cinq heures
une comète ;
prenez-en soin :
c'est pour nourrir ma légende malade. »
Je sors. Où est la rue ?
Et l'univers, pourquoi disparaît-il
le seul jour de l'année
où il est habitable ?
Je rentre.
Où est le livre ?
Où sont les serviteurs ?
Je n'entends plus le mot « cristal ».
Mais voici la comète,
qui rit, qui rit.

Je suis une virgule :
à vous de deviner le texte.
Je suis un œil :
à vous de décider
s'il appartient
au reptile, à l'oiseau,
au brouillard qui se pend.
Je suis le reste
de quelque capitale,
de quelque théorème
qu'il faudra démontrer.
Je suis la cendre,
je suis l'épi :
tout est brûlé,
tout va renaître.
J'inspire :
n'exigez plus de moi
d'être inspiré.

PARENTHÈSES

je suis un essuie-mains souillé
(heureux d'être si malheureux)
je suis ce que vous dites que je suis
montre fourrure drapeau sous l'orage
(indifférent même à l'indifférence)
je suis neige qui dort
neige qui tue
(autre pour tous les autres)
je suis d'avoir perdu tant de matière
(poli poli poli)

CAPRICES DE MON ENCRE

Dans le jardin,
    ces bras,
    cigognes sans la tête.
Au plafond quelques seins,
    pour agacer,
    pour être tendre à l'improviste.
Sur le portemanteau,
    des paupières si lourdes qu'elles traînent
    un océan de pleurs.
Autre part, un genou
    comme la cloche
    d'un village anonyme.
Là-bas, des lèvres
    pour avaler trop de silences,
    pour disparaître comme fruits.
Et tout seul, un regard
    qu'on jette au fond de l'aquarium :
    nagera-t-il jusqu'aux comètes ?
Débris, muscles verbaux, caprices de mon encre,
    formerez-vous
    un être qui respire ?

L'INEXPRIMÉ

Tu oses
identifier
le mot « girafe »
et l'animal qui tangue dans la brousse.
Tu assassines par le mot.
Tu crucifies
par le proverbe.
Tu veux que le chien-dent,
ô misérable ! reste le chien-dent.
Tu mourras cette nuit :
vengeance de l'inexprimé.

Un cœur de tamanoir.
Les mimosas pour masquer la tristesse.
Les mots par goût de la torture.
   Il dicte à son absence.

Saignerait-il ? Tous les fruits boudent.
L'azur est beau d'épidémie.
La bible se rédige par la neige.
   Il crée pour effacer.

Capitale de poche.
Planète refusant de vivre.
Femme, falaise au milieu de sa page.
   Il étreint mais se perd.

Toucans sur la chaussée.
Un baobab qui se veut des nageoires.
En file indienne combien de Rimbaud ?
   Il s'exile, multiple.

Une statue équestre à chaque cil.
Trois Mozart sur la lèvre.
Les bateaux sont pourris comme des poires.
   Il invente, il oublie.

Quel empereur
Pour ce vieux peuple de mélèzes ?
Équivoque du miel, colère de l'onyx.
    Il sait mais ne veut pas savoir.

Ô siècle plus obèse que le phoque !
On doit tuer l'histoire :
Elle n'est que ciguë.
    Il pense donc il meurt.

Sein mais syntaxe.
Une Asie tout entière pour dormir.
Les lendemains sont faits d'une île qui explose.
    Il se nourrit d'un alphabet.

VILLE VAGABONDE

la ville se promène
de fleuve en fleuve
elle a perdu (elle a perdu)
sa cathédrale et ses jardins
la ville court incognito
sur la montagne
et les vautours l'ont su (l'ont su)
la ville dort sous l'océan
ses fenêtres ouvertes
sur l'écume et le sel et le tangage
or les requins tristes gendarmes l'ont surprise
au crépuscule (au crépuscule)
ville ou vertèbre
ville ou bouquet de crânes
c'est pourquoi par vent d'est on entend
sur la plage anonyme
mille variétés
de soupirs inconnus (inconnus inconnus)

3. VENEZ VENEZ
L'ABSENCE EST UNE VOLUPTÉ

À Robert Sabatier
et Charles Le Quintrec

pour épouser la voyelle aux neuf seins
pour se traduire en neige
pour vivre
comme on pend un agneau
pour deviner le jour
entre les jours aux yeux bandés
pour se griser de pierres
comme on se grise
à l'heure où les nuages
accouchent de fruits fous
pour se parler tout seul
comme les arbres malheureux
il faudrait naître
si loin de sa naissance

*

s'écartent les trottoirs
s'allongent les collines
comme des mammifères
après la digestion des langages trop gras
se fendent mille portes
s'ébattent mille fleurs
qui volaient tant de lèvres à nos femmes

prient prient les choses
pour que les autres choses
s'abstiennent de prier

*

pierre philosophante
réel aux genoux durs
bonheur de nos métamorphoses
faux paysages pour soupirs de chien
légende qui trahit toutes nos lunes
vérité transparente aux clavicules maigres
un tournesol décide
que l'univers sera
à la mesure
de l'homme sans la tête
pierre trop philosophe

*

interrogez la chair
et séquestrez le sang
confrontez le visible et l'invisible
soyez chez vous
dans l'œil mystique des licornes

*

on chassait l'arbre
qui venait chaque soir
offrir un peu de son vertige
on insultait tous les poulains
chargés d'étoiles étrangères
on avait peur de la cascade
qui renversait le lit des amants impériaux
on tuait plusieurs fois
ceux qui saoulaient nos horizons

chairs vénéneuses
âmes sans toit
yeux partis pour l'exil
soupçons plus gros que phoques
savoir mourant comme un acteur dans les coulisses
fable qui dort ses ailes sous la boue
tous les soleils
acceptent d'abdiquer

★

connaître est musique empaillée
nous les fortuits
le tamanoir et la théière
le coude
et celui de la route sans fin
le lac la langue et le lit de la lèpre
deux églises romanes
deux abat-jour brûlés
trois hippocampes
trois plages qui s'endorment
le verbe naît par inertie
et lance
combien de vérités sans preuves ni parfums

★

combat pour mille déserteurs
le refus du refus
est un myosotis
l'homme a perdu la chair du verbe
comme on perd dans un champ
la couronne d'un roi ininventé

*

nous sommes partagés
fruits pour étoiles
qui n'ont plus faim
vagues léchant
l'absence du rivage
notre amour est offert
à qui ne peut aimer
comprendras-tu le soupir du cristal
ô cœur plus grand qu'un bouge ?

*

la faute à nos cerveaux
le doute plus obèse
que le séisme
l'ivresse de la fable
comme une île qui hurle
pour avorter
de ses hanches trop vertes

*

réel notre unique jouet
l'ombre de l'ombre aura force de loi
le possible devient notre poignard
le probable a brûlé

*

mémoire d'un genou posé sur quelque fleur
oubli des vents montés sur les vertiges
mémoire dans l'absence
d'une mémoire mammifère
oubli pour qu'on dise musique

mémoire qui murmure je suis veuve
tous deux perdus comme désirs
au milieu d'un poème

★

mettre en pièces demain
couper cette colline trop concrète
perdre la bouche
au fond d'un diamant
qui ricane et se brise
mentir devant une lune quadruple

★

et la cigale notre sœur
qui nous connaît depuis trois siècles
une ville entourée de pingouins
le grand nord et là-bas plus d'amadou
qu'il n'est de souris folles
dans l'âme de l'usurpateur
miroirs trop froids que fendent nos images
nous orphelins
qui n'avons pas trouvé de capitale
nous enfants mal vieillis
nos cimetières sont verbaux
tout nous sera conté
à l'envers treize fois
comme aux infirmes
les fables qui n'ont pas de crâne

★

si la mort acacia
se couvre de comètes
si l'angoisse est le nom

289

d'un oiseau qui réveille la lune
si le néant ce bienheureux
saute comme un poulain
léché par la cascade
le sacré va renaître

          *

l'inaccompli s'installe avec ses trois ménages
et le non-être bâille
dans le jardin où tout est déchiré
décapitons cette statue
qu'un siècle impardonnable
érigea en l'honneur
de notre fausse identité
notre maison est une morgue
où les cadavres porteraient
tous les regards qui depuis quarante ans
se sont décomposés en eux

          *

l'instant seule matrice
dire pour accepter
cette indigence vivre
choisissons choisissons
tu es cet amadou
il est ce bourgeon plat
vous êtes l'échancrure
au bas d'un monde mal taillé
ô bonheur de renaître incompris de soi-même

          *

après la mort du temps
car nous vivons de funérailles

après le grand suicide
imposé à l'espace
car nous sommes obsèques
les anges reviendront
nous pourrons saluer
l'île à l'instant où elle se déploie
nous verrons accoucher d'autres planètes
un dieu plus défendable
une raison pour chaque main
une raison pour chaque cil
une raison pour chaque bouche
même le doute sera très divin

★

obscène est toute vérité
comme un sexe qui s'ouvre
en plein front chez l'amie
lubrique est notre choix
ce livre ne sait plus
si ses mots signifient la naissance ou la mort
de tous les autres mots du monde
demain nous écrirons une lettre au soleil
pour lui dire à vos ordres néant

★

nous qui voulions aimer
nous qui pensions renaître
une bouche à plusieurs pour répandre la joie
un besoin comme au ventre et cette impunité
de la sève là-haut près de chaque œil
peau à celui qui croyait s'en vêtir
philosophie du pain qui tue
car le pain lui aussi était si crapuleux
tous les baisers

291

de l'absurde à trois sous
enfer très personnel avec vue imprenable
sur le suicide
les cinq bidets de l'existence
copains à qui nous empruntions quelques vertèbres
et le corbeau qui copulait avec l'étoile
à l'heure où notre azur prenait son bain
nous les interchangeables
qui donnions notre cœur
pour le chiffon d'un doute rose
nos déserts se retournent
notre arbre se vomit

★

pluriels comme lilas
déshabillés comme chevaux
maison pour que le vent sache y dormir
ville qui veut clouer l'exode
sur le visage
d'une femme sans lèvres
nous sommes dans leurs peaux
nous sommes sur leurs corps
insectes qui allons voyager jusqu'aux larmes
en commun ce néant
qu'il faudrait appeler fête éternelle
en commun ces fantômes
et notre identité de sel qui a trop soif
et notre lourd travail
pour que notre âme coure
à sa belle rencontre
on a volé notre repas
océan de remords
on a volé notre semaine
le temps s'alite

comme un manœuvre tombé sous la lune
remplacez-nous
il vous reste une main pour mille épaules
il vous reste un poumon
pour mille amours
c'est assez pour survivre
ramassez la planète
renvoyez la parole
il faut des pierres pour peupler la chaude absence
l'homme seul par défi se dédouble
déjà déjà deux solitudes

★

trop de fables sautant sur nos lèvres
trop d'amours épicées pour que reste l'amour
la chair pourrie par le mot chair
le genou mort d'évoquer cent genoux
à qui appartenait notre salive ?
qui nous prêtait ce ventre ?
nos corps étaient écrits
à la manière des sonnets
au tournant de deux siècles futiles
savez-vous que le sang
s'est arrêté pour rire
de nos baisers crayeux ?
voyez là-bas nos plus chères vertèbres
qui ont choisi de se donner à des pendus
nous gisants verticaux pénétrés l'un par l'autre
notre monde est rentré sous notre aisselle
main qui cherche ou faubourg ?
hanche qui tremble ou capitale ?
nous n'habitons
que les mirages renversés sur nos cœurs vides
étreinte où s'est coagulée notre écriture
la présence trop juste est un exil

le cou tranché par des syllabes folles
décédés nos systèmes nerveux
nous n'avions pas le droit de nous connaître
divorce chez l'espèce et divine autopsie

★

pourquoi tricotez-vous ce désespoir
comme un chandail pour un marin perdu ?
c'est l'heure des pitiés
les choses vous permettent
une dernière fois de leur donner un nom
la connaissance répudie
votre corps démodé
il vous est interdit de vous dissoudre
ou de gêner le faux commerce
du verbe et de la chair
venez venez l'absence est une volupté

★

allez à l'autre bord de ce vertige
écrasez l'horizon
que votre voix sache faner l'étoile
dénaturez c'est votre honneur
aimez de cette adoration
qui saigna tous les fruits de la terre
et ne laissa qu'un os à la soif de vos dieux
partez pour le pays de l'acceptable
ici tout est loué
au vieux dénigrement
qui décapite le soleil
pour voir s'il cache quelques œufs de cygne
fabulez déformez
ici la vérité s'étrangle
et les plus beaux mensonges vous expulsent

vous ne serez jamais ce que vous êtes
images de l'indéfini

★

toi phrase et femme
toi chair et chose à dire
qui es en nous comme sont les montagnes
et les dégoûts du vieux printemps
pour toi notre cerveau
se met en fables inutiles
il arrive un moment où le monde se traîne
comme un insecte mou
il arrive un moment où le monde s'envole
comme un oiseau plus grand que notre éternité
tu les rends dérisoires
et tu te moques
même de la rosée
même du faux besoin de revenir en soi
nous ne t'aimerons pas
tu es l'âme velue
et tu nous désincarnes
nous préférant l'ortie
la lune
les mille engoulevents du soir fané
tu es notre langage
le plus injuste
celui qui ne peut pas arrêter son galop
tu es la consonne des neiges
qui tue jusqu'aux soupirs jusqu'aux genoux
toi l'impudeur d'une écriture
et la salive
d'un poème dicté par la mort à la mort
nous refusons de t'arracher au verbe
vous périrez ensemble
parole et femme
seront la même erreur

*

éblouir la raison devenue orchidée
abstraits comme océans qui dorment
concrets comme la transparence
privée de ses deux ailes
notre absolu formé d'oranges trop boudeuses
notre ferveur plus exigeante
que l'antilope nourrie de poèmes
être d'être en sursis comme un mot murmuré
qui n'ose devenir diamant pur
être d'être la chair caressée de l'absence

Madison, Paris, Venise, 1966.

4. CIRCONSTANCIELLES

SEPT CRIS POUR LA RUSSIE

À Michel Koudinov

I

ma Russie ma Russie
pas un caillou pour moi ?
pas un épi de blé qui prononce mon nom ?
pas un village
qui se mette à courir
dès que je dis bonjour ?
je suis le fils de l'ironie
je suis le fils du doute
dans mes poèmes
je parle d'univers qui n'ont pas existé
je m'adresse à des hommes
trop manuscrits
la peur de vivre a bu mon sang
et je suis maladroit
comme un zèbre perdu chez les poulains
ma Russie ma Russie
je promets d'être naturel à mon retour
je ne supporte plus ce corps sans corps
ni cette âme anonyme

je te connais trop bien
  fleuve aux plumes voraces
je te connais trop bien
  tempête avec ton œil d'iguane
je te connais trop bien
  île pubère à qui je dis je t'aime
je te connais trop bien
  luxure d'une étoile divorcée
je te connais trop bien
  mot vénéneux
  verbe qui caches des séismes
je ne me connais plus
je vous implore
il faut me rendre mon identité
je reviens en Russie
pour devenir moi-même
et n'admets pas
d'être inventé par vous

III

de part et d'autre de l'atome
resterons-nous humains ?
libellule sais-tu
que tu dois nous survivre ?
la lèpre a terrassé les mots
pour que leur agonie soit douce
il ne faut plus les prononcer
bourgeons préparez-vous
pour votre rôle de monarques
le cancer est couché dans nos proverbes

que l'on ampute
de leurs plus belles vérités
basalte
va prendre tes leçons d'hégémonie
de part et d'autre de l'atome
nous sommes rétrécis

IV

une Russie dans la vertèbre
une Russie sur le menton
une Russie au cou
une Russie entre les bras
sous la plèvre combien de Russies ?
contre l'aorte une Russie de sang
entre les deux poumons
Russie Russie qui soupire et qui rit
genoux pour Russies fatiguées
épaules pour Russies qui dansent
là-bas dans les jardins charnels
Russie à la place des yeux
Russie en échange des doigts
trop de Russies au cœur
pour qu'il puisse rester
une Russie à la Russie

V

chez vous
    les gros soleils descendent-ils
    pour essuyer l'excédent de leur feu
    contre les rives de la mer ?
chez vous
    les bouleaux rampent-ils

301

à l'aube
vers les insectes qui ont peur
de la raison
cette fée grise ?
chez vous
les villes
font-elles leurs bagages
pour aller vivre sans les hommes
dans la dentelle
des écureuils ?
chez vous
aime-t-on le pain au goût de vertige
les compagnons
qui devinent les mots trop somnambules
les pierres qui apprennent
automne après automne
à remplacer le rire des absents ?
chez vous
chez nous
chez moi
je veux confondre

VI

je suis né de la guerre civile
et la guerre civile est en moi
entre le chêne
qui veut être mon fleuve
et mon fleuve qui m'ordonne de le changer
en terrible forêt
je suis né sur les barricades
et tout n'est plus que barricade en mes poumons
je dois me battre pour les hommes
je dois me battre pour la solitude
ô l'amitié

ô le vertige
moi qui suis né pour la révolte
c'est la meilleure loi
les mots fraternels tuent
et les mots rares tuent
et je tue tous les mots
car ils trahissent
car ils vivent sans moi
je suis le partisan
et mon parti est le parti de la poussière
de la rose étranglée
de la bourrasque nue
je suis le franc-tireur
et mon tir se dirige
sur la fable qui vole
là-haut parmi les arbres très légers
j'écris une syllabe et la voilà cigogne

VII

il faut appartenir
ce bouleau est mon maître
qu'il pense
qu'il pense à mieux m'aimer
ce fleuve
est fleuve de ma poésie
qu'il me dicte une phrase
qu'il me dicte cent phrases
cette maison
a de la chair pour moi
mon corps mon âme
et de quoi les unir
cette province
j'en suis le citoyen
j'en suis le seul poète

j'appartiens j'appartiens
j'ai trop d'images
à supporter

Pour consoler les autres filles,
sans façon les comètes
font le trottoir.
Un capitaine a replié son cœur
au fond d'un livre obscène.
À la gare, à la gare, où vont ces émigrants
qui n'apprendront jamais
que par dégoût les trains déraillent ?
Pourquoi ces amoureux
échangent-ils tant de soupirs,
plus gros que des pastèques ?
Le soleil s'est vendu pour trois paires de bas.
Un paquebot secoue ses oiseaux nus.
À la radio, c'est Boccace qui pleure.
S'il suffisait de naître pour avoir
le droit de vivre...

— combien la fille ?
— une portion de jeunes poulpes
— combien cette existence de marin ?
— un artichaut qui rit
— pour qui ce soupir trop sucré ?
— pour le trois-mâts qui ne partira plus
— pour qui le soleil roux ?
— pour le Sénégalais
qui l'a volé comme une montre
— qu'attendent les pastèques ?
— le proxénète le boxeur le caporal
qui les égorgeront

Au Musée de Vérone,
j'ai découvert dans un triptyque :
à gauche, ma nativité,
avec un okapi, un zébu maigre,
des badauds très surpris ;
à droite, ma résurrection
parmi les orchidées
ouvertes sur des bouches bleues ;
et au centre ma mise en croix.
Je souriais parmi les clous.
Le peintre devait être du Seizième,
Bassano, le Titien...
On n'a pas pu me renseigner.
Je suis entré dans le tableau,
ma tombe.

PLAISANCE

Alexandre Farnèse a frémi
sous sa couronne de pigeons.
Il pleut du poivre sur Plaisance.
La maîtresse d'école
me dit : « Crois-tu que si le siècle
naissait une seconde fois,
il aurait une peau
plus douce que la mienne ? »
Garibaldi tient un discours
aux oranges qui vont
prendre la place des étoiles.

Le pangolin, bleu comme le tangage,
effectue son entrée
dans Saint-Pierre de Rome.
Il dit :
« Je prends tous les pouvoirs,
au nom du grand espace,
des volcans révoltés,
de l'univers qui est déçu.
J'excommunie les hommes :
les uns redeviendront orties,
les autres blattes. »
Vêtu de pourpre,
il fait pendre un évêque à chaque réverbère
et, le Tibre s'étant arrêté,
il dévore le Christ.

Crémone Ferrare Pavie
pour la beauté de leurs syllabes
dit l'écrivain aveugle
Modène Pérouse Carrare
pour la symphonie de leur nom
dit le violoniste sourd
Lucques Bergame Assise
dit le vieux pèlerin
en souvenir d'un visage perdu
je les épouse
je les épouse toutes
dit l'impuissant
dont la tristesse a dévoré
combien de capitales
Bénévent Syracuse Agrigente

LES MUSÉES DORMENT

Il neige, il neige,
et Ronsard s'apitoie
de voir que la panique est dans mon cœur.
La rouille devient crabe.
Le tournesol est veuf de sa musique.
Pourquoi le Caravage
pousserait-il un cri ?
Abdiquer, n'est-ce pas célébrer l'inconnu ?
La fin du monde
sent le tilleul.
Les musées dorment.
Vivaldi m'a donné cette mangue mystique.

Une collecte pour Vermeer.
Une partie d'échecs
avec Pouchkine.
Syllabes,
syllabes dans les blés.
Gonzague de Cordoue
entre à cheval
dans le château que je bâtis
en marge d'un poème.
Comment Bela Bartok
s'est-il assis dans mes poumons ?
Pourquoi Georges Seurat
refuse-t-il de devenir adulte ?
Mon vieil ami Gauguin me vend un beau tropique.
Je ne veux pas vivre avec moi.

si le poète
porte à la bouche
le saxophone
d'un datura
ivre ivre
il lui pousse des feuilles
il est palmier volant
forêt de cèdres fous
il meurt
datura trop humain
si le datura porte
à sa corolle
la rosée d'un poème
ivre ivre ivre ivre
il lui vient des syllabes
il est Rimbaud
plus que Rimbaud
Lorca plus que trois cents Lorca
il meurt
poète étouffé de pétales

ASSASSINATS

— le jour où fut assassiné Louis XIV
— fleurs au moindre proverbe
— le jour où fut assassiné François Villon
— deuil sur les yeux de poivre
— le jour où fut assassiné Claude Lorrain
— azur à doubles coccinelles
— le jour où fut assassiné Mozart
— volcans privés de bouche
— le jour où fut assassiné Rimbaud
— pronoms de cyanure
— le jour où ne fut pas assassiné
John Kennedy
— deux balles dans le cou de ton poème

Note bibliographique

La vie est clandestine. Ces poèmes sont extraits d'un ouvrage du même titre, paru aux éditions Corrêa, en 1945.

Langue morte. Ces poèmes sont extraits d'un ouvrage du même titre, paru aux éditions du Sagittaire, en 1951. Ils avaient précédemment paru, dans une première version, soit dans *L'image impardonnable*, aux éditions Hémisphères, à New York, en 1942, soit dans *Syncopes*, aux mêmes éditions, en 1943.

Quel royaume oublié ? a paru au Mercure de France, en 1955. Cet ouvrage a été repris dans *Quatre testaments et autres poèmes*, aux éditions Gallimard, en 1967.

Premier testament a paru aux éditions Gallimard, en 1957. Cet ouvrage a été repris dans *Quatre testaments et autres poèmes*, aux éditions Gallimard, en 1967.

Deuxième testament a paru aux éditions Gallimard, en 1959. Cet ouvrage a été repris dans *Quatre testaments et autres poèmes*, aux éditions Gallimard, en 1967.

Tous les autres poèmes du présent volume ont également paru dans *Quatre testaments et autres poèmes*.

1919. Naissance à Odessa, le 28 mars 1919, d'Anatole Bisk (certains documents portent le nom de Biske), fils d'Alexandre Bisk, industriel et poète, premier traducteur en russe de Rainer Maria Rilke, et de Berthe Turiansky. Le père a publié un premier recueil de poèmes, *Moissons dispersées*, en 1911 ; il en publiera un second, *D'autrui et de soi*, à Paris, en 1961.

1920. La famille s'installe pauvrement à Varna, en Bulgarie. Le père vit de menues traductions ; la mère donne des leçons de violon.

1923. Le père est employé de banque à Sofia ; il devient aussi négociant en timbres-poste rares.

1925. Installation à Bruxelles. Diverses écoles primaires. De 1932 à 1938, études secondaires à l'Athénée d'Uccle.

1938. Etudes de philologie romane à l'Université Libre de Bruxelles. Fondation d'une première revue, avec José André Lacour : *Pylône*. Sursitaire, est mobilisé le jour de l'invasion allemande, le 10 mai 1940.

1940. Courte campagne, dans l'armée belge ; à la reddition de celle-ci, demande son incorporation dans l'armée française. Après l'armistice, séjourne quelque temps à Montpellier.

1942. Arrive à New York. Devient secrétaire de rédaction du journal de la France Libre, *La Voix de France*. Fonde avec Yvan Goll une revue littéraire, *Hémisphères*. Rencontres importantes : Maurice Maeterlinck, Jules Romains, Thomas Mann, Marc Chagall, Fernand Léger, Hermann Broch, Piet Mondrian, Bela Bartok. Devient un des familiers d'André Breton, qui le publie dans *VVV*, tandis que Roger Caillois donne des poèmes de lui dans *Les Lettres françaises,* à Buenos Aires. Reprend du service, cette fois dans l'armée américaine.

1943. Sert au Texas, en Californie, dans le Maryland. Est envoyé en Irlande du Nord, en décembre.

1944. A Londres, au Quartier Général Suprême d'Eisenhower, est chargé de l'étude des défenses côtières allemandes, en France occupée. Prépare l'ouverture d'un second front. Débarque en Normandie, puis s'installe au Q.G. de Versailles.

1945. Est officier de liaison, puis fonctionnaire du Conseil de Contrôle Allié, à Berlin. Publie son premier recueil de poèmes en France : *La vie est clandestine*, aux éditions Corréa.

1947. Fonde à Berlin une revue en langue allemande, *Das Lot*, qui paraîtra jusqu'en 1952, et dont Gottfried Benn dira qu'elle aura été déterminante pour le renouveau de la pensée poétique dans l'immédiate après-guerre.

1948. Est promu directeur adjoint des liaisons alliées et du protocole.

1951. S'installe définitivement à Paris, où il termine, deux ans plus tard, ses études à la Sorbonne. Désormais il ne fait plus de différence entre sa vie privée et sa vie publique. Journaliste à *Combat*, il collabore au *Monde*, aux *Nouvelles littéraires*, au *Figaro* ; plus tard, à *La Nouvelle Revue Française* et au *Quotidien de Paris*.

1959. Enseigne la littérature française, successivement, à Brandeis University, aux universités de Madison et de Milwaukee ; pendant deux ans, tient la chaire d'études américaines à l'université de Lyon. Est producteur et commentateur à l'O.R.T.F. Lecteur de plusieurs maisons d'édition. Directeur de plusieurs collections de poésie.

1980. Est naturalisé français. Fonde la revue de littérature internationale *Nota Bene*.

Bibliographie sommaire

1. *Poésie*

L'essentiel de l'œuvre poétique a été réuni dans :

Le livre du doute et de la grâce. Gallimard, 1977.
Poèmes, un (1945-1967). Gallimard, 1979.
Poèmes, deux (1970-1974). Gallimard, 1981.
Sonnets pour une fin de siècle. Gallimard, 1981. Repris en livre de poche dans *Poésie*/Gallimard, 1982.
Un jour après la vie. Gallimard, 1984.

2. *Romans*

Titres principaux :

Un besoin de malheur. Grasset, 1960.
La confession mexicaine. Grasset, 1965. Prix Interallié. Repris par Le Livre de Poche.
Les tigres de papier. Grasset, 1968.
Les bonnes intentions. Grasset, 1975. Repris par Le Livre de Poche.
Une mère russe. Grasset, 1978. Grand Prix du Roman de l'Académie française. Repris par Le Livre de Poche.
L'enfant que tu étais. Grasset, 1982. Prix Marcel Proust. Repris par Le Livre de Poche.
Ni guerre ni paix. Grasset, 1983. Repris par Le Livre de Poche.
Les fêtes cruelles. Grasset, 1984.

3. *Ouvrages sur Alain Bosquet*

Poètes d'aujourd'hui, Alain Bosquet. Par Charles Le Quintrec. Volume 117. Éditions Seghers.
Dossier Alain Bosquet. Pierre Belfond.
Revue Sud. Numéro 53-54.

Premier testament

Deuxième testament

Danse mon sang

Troisième testament

Quatrième testament

Venez venez l'absence est une volupté

Ce volume,
le cent quatre-vingt-dix-septième de la collection Poésie
composé par SEP 2000,
a été achevé d'imprimer sur les presses
de l'imprimerie Bussière à Saint-Amand (Cher),
le 3 avril 1985.
Dépôt légal : avril 1985.
Numéro d'imprimeur : 631.
ISBN 2-07-032307-2./Imprimé en France.

35266